# 整理整頓 女子の人間関係

精神科医
水島広子
Hiroko Mizushima

sanctuary books

# いわゆる「女」の嫌な部分

○「女の敵は女」とよく言われるように、自分よりも恵まれた女性に嫉妬し、その足を引っ張ろうとしたり、幸せを奪い取ろうとしたりする。
○裏表がある。表ではよい顔をしていても裏では陰湿。「それ、かわいいね」などと本人には言いつつ、裏では「ださいよね」などと言ったりする。
○男性の前で「かわいい女」「頼りない女」を演じる。
○他の女性を差し置いて、自分だけが好かれようとする。
○恋人ができると変身する。すべてが恋人優先になり他の女友達には「無礼」としか思えない態度をとるようになる。
○すぐに群れたがる。「群れ」の中では均質を求め、異質なものを排除しようとする。
○自分は自分、他人は他人、という見方をすることが苦手。自分とは違う意見やライフスタイルを持つ相手を尊重できず、「自分が否定された」とみなし、そういう人を「敵」ととらえる。

○感情的に「敵」「味方」を決め、自分をちやほやしてくれる人には限りなく尽くす一方、自分の「敵」に対しては、とことん感情的に攻撃する。その感情的攻撃は、多くの場合「正論」という形をとり、主語は「私は」ではなく「普通は」「常識的には」など。

○陰口やうわさ話、つまり他人についてのネガティブな話が好き。

○ストレートに話さず、間接的で曖昧な話し方をして、「ねえ、わかるでしょ」というような態度をとる。そしてわかってもらえないと機嫌を損ねる。

○「お母さんぶり」「お姉さんぶり」をする。相手のことは自分が一番よくわかっている、という態度で、悪気はなくても、意見の押しつけをしたり決めつけをしたりする。

「これだから女は……」と言われるような特徴には、以上のようなものがあるのではないでしょうか。

このような「女」の特徴が面倒くさいために、女性とつきあうよりも男性とつきあう方がさっぱりしていて気楽、と感じる人は少なくないものです。女友達よりも男友達の数の方が多いという人もいますね。

これらは、いわゆる「女」の嫌な部分、と言うことができるのですが、もちろんすべての女性にこれらの特徴が見られるわけではありません。また、ある特徴は目立っても他はそうでもない、という人もいるでしょう。これらの特徴がほとんど見られない女性ももちろんいます。

ここに挙げたような、いわゆる「女」の嫌な部分を、本書ではカッコつきの「女」と書くことにします。これは女性そのものを意味するのではなく、いろいろな女性に見られる、一連の困った特徴のことを呼ぶと理解してください。

## 「女」の特徴を知ると、女性との関係がスムーズになる!

女性同士のつき合いを難しいと感じる背景をよく考えてみれば、そこには「女」の要素が見つかることがほとんどだと思います。具体的な例については後ほどそれぞれ見ていきますが、「女」についてよく知っておくことは、女性との関係をスムーズにする上でプラスになります。「女」の扱いを間違えてしまうとかなり面倒なことになってくるからです。

また、一般に、「女」度が高い女性は他の女性に嫌われやすく、「女性に好かれる女性」は「女」度が低い人だと言えるでしょう。ですから、自分自身の中にある「女」を知り、「女」度を下げることは、女性とうまくやっていくコツになるとも言えます。

さらに、「女」についてよく知ることは、女性全体のエンパワーメント（有力化。力強くなること）につながります。

そもそも「これだから女は……」という雰囲気は、女性がまるで劣った性であるかのような印象をもたらし、女性から力を奪ってしまいます。また、「女の敵は女」に象徴されるように、「女」として生きていく限り、本当の意味で他の女性とつながることはできません。真のつながりは大きな力をもたらすのですが、「女」同士には形ばかりのつながりしかできません。

ですから、「女」についてよく知り、自分自身の「女」度を下げ、他の女性にもよい影響を与えることができれば、それは女性全体の力につながるのです。

今まで、「女が強くなる」と言うときには、「男のようになる」という文脈で語られることがほとんどだったと思います。しかし、「女」に注目することによって、女性として楽しめることを失わないまま、しなやかに強くなることができます。これは、結婚している／していない、働いている／働いていない、子どもがいる／いない、どんな立場でも関係ありません。「女を捨てた」わけではなく、「女」の嫌な部分から解放されて生きていく、という新しい生き方を目指せるのです。

# CONTENTS

CHAPTER 2

# 比べたがる「女」との関わり方

CHAPTER 3

CHAPTER 6

# 「自分は自分、他人は他人」ができない「女」との関わり方

CHAPTER

9

# 自分の中の「女」を優しく癒やしてあげよう

# エピローグ　「女」を手放すことの気持ちよさ

CHAPTER

1

# なぜ「女の敵は女」なのだろう

## 他人から傷つけられてきた人たちの特徴

プロローグで、いわゆる女性の嫌な部分を「女」と呼び、「女」からの解放が女性に力とつながりを与える、ということをお話ししましたが、「女」を、「力」や「つながり」という観点から見ることには、根拠があります。

実は、「女」が持つ特徴の多くが、虐待やいじめなどにより他人から傷つけられてきた人たちに見られる特徴と共通しているのです。もちろんその強度や、付随して見られる他の特徴は一概に「同じ」と言えないのですが、似たような傾向があることは確かです。

例えば、いつも自分を否定されて育ってきた人は、**自分の意見と違う意見を持っている人を見ると「自分が否定された」と感じがち**だということが知られています。「人はそれぞれ違う意見を持っていてよい」という環境で育っておらず、常に「お前の言っていることは間違っている」と、「〝正しい〟意見」を押しつけられてきたからです。

また、人から虐待的な扱いを受けてきた人は、人を見たときにまず**「自分の敵か味方か」を区別**したがる傾向にあります。人から傷つけられてきた人にとって、相手が自分を傷つける「敵」なのか、そうでないのか、ということは、心身の安全に関わるとても重要なテーマだからです。そして、いったん「味方」と分類した人には、どこまでも「味方」的な言動を求めますので、少しでもそれを疑わせるようなことが起こると、とても不安定になったり怒ったりします。

いつも自分を否定されて育ってきた人は、**もちろん、自分の気持ちを率直に打ち明けることが苦手**です。そんなふうに自分をさらけ出してしまったら、どれほど怖ろしい目に遭うかわからないからです。ですから、何かを言う際にもストレートに話すことはしません。自分が傷つかないように、持って回ったものの言い方をしたり、「正論」風の言い方をしたりします。

また、他人から傷つけられてきた人は、**「自分の領域」と「他人の領域」の区別がつきにくい**という特徴もあります。自分を守るために、いつも相手の顔色を読みながら生きてきたような人も多いため、「察する」ことが当然のことになってしまい、「伝えなければわからない」ということを知らないのです。

察し合うことが当然ということになると、「自分の領域」と「他人の領域」の区別がつかなくなってしまいます。それぞれの人にはそれぞれの事情があり、本人にしかわからない「領域」があるのです。相手の「領域」のことを勝手に決めつけたりしてはいけないし、自分の「領域」のことは自分が責任を持って伝えなければわかってもらえません。しかし、人から傷つけられてきた人は、「自分の領域」に踏み込まれて傷つけられてきているため、本来「自分の領域」が尊重されるべきものだということも知りません。

「自分の領域」と「他人の領域」の区別がうまくつかない上に、相手が自分を傷つけるかどうかというところに主な焦点が当たっていると、「人は人、自分は自分」という見方ができなくなってしまいます。これが先ほどお話しした、自分と違う意見を持つ人を見ると自分が否定されたと感じる、というところにつながっていきます。本当は、相手は「相手の領域」の中で自らの意見を持っているだけであって、こちらとは何の関係もないのですが、まるで自分が否定されたように感じてしまうのです。

男女ともに、他人から傷つけられてきた人たちはこのような特徴を持つようになることが多いのですが、「女」の場合、特に傷つけられたという明らかな体験がなくても似たような特徴を示すようになるのはなぜなのでしょうか。

## 「女」が作られる背景

もちろん、「女」の特徴がどこから作られるのかを軽々に論じることはできません。生物学的にメスに備わったものだと言っている人もいます。もしかしたらそういう要素もあるのかもしれません。

しかし、日頃は「女」度が低くても、恋愛をしたときや、自分のどこかを刺激するタイプの女性と接したときに、自分の中に「女」が強く表れてきた、という経験がある人もいるのではないでしょうか。恋愛をして、あるいは、「完璧な女性」を見て、自分の中にムクムクとわき上がるネガティブな嫉妬心を感じ、「私ってこんなに嫌な人間だったの？」と愕然とすることもあるでしょう。

かつては「女」度が高かったけれども人生経験を積む中で「女」度が下がったという女性もたくさんいます。

このように、時期によって、あるいは精神的成長によって変化するものであれば、単に「メスだから」と言うこともできません。

また、女性がどのように育てられ、周囲からどのような「女らしさ」を期待されるか、という観点から見ると、「女」という結果が生じるのも当然だと言える側面があります。以下に、大きな背景をざっと見ていきましょう。

## 「選ばれる性」によって作られる「女」

もちろん時代は変化してきていますが、**伝統的に、そして未だに一般的な傾向として、女性は「男性から選ばれる性」**です。

かつての女性は自力で社会的地位を築くことなど考えられず、「どの男性に選ばれるか」によって社会的地位が決まっていました。男性が社会的地位を目指して自分を磨くのに対して、女性は「よい結婚に恵まれるように」「よい男性に選ばれるように」自分を磨いたものでした。

これは完全に過去の話ではなく、女性が仕事をするのが当たり前になった今でも、その「選ばれる性」としての特徴は色濃く残っています。「どんな男性と結婚したか」ということが、その女性の価値と関連して語られることがとても多いのです。

社会的地位の高い男性と結婚することによってにわかに注目されるようになったり「セレブ」として扱われるようになったりする女性がいる、というのもその一つです。

また、人気のある男性と結婚した女性がしばしばバッシングの対象となるのも、その一つです。**「選ばれる」ということを中心に世界が回っている**ので、「選ばれなかった人たち」（現実に可能性がなかった人たちも含めて）は、「なぜあんな女性が選ばれたのか」というところに衝撃を受けてしまうのです。「あんな女性があの素晴らしい男性に選ばれるわけがない」「彼女は本性を隠して相手に取り入ったに違いない」などという気持ちが起こってくるのはそのためです。

この感覚は、男女を入れ替えてみるとよりよくわかります。例えば、とてもすてきな女性が「え?」と思うような男性と結婚した、という場合には、女性側の「好み」や「選ぶ力」の問題として語られることが多いものです。「あんな男性が好みとは、意外」「有能な女性だけれども、男を見る目だけはない」などという具合に、です。詐欺師的な男性でもない限り、男性が本性を隠して女性に取り入った、などという見方をされることはむしろ稀ですね。この非対称性も、まだまだ女性が「選ばれる性」であることを示す一例なのです。

ある女性が選ばれたということは、それ以外の女性は「選ばれなかった」わけですから、心のどこかが傷つきます。それが、「選ばれた女性」に対する意地悪やバッシングなどにつながるのです。もちろん露骨にしてしまうと「選ばれなかった者のひがみ」と思われてしまいますし、さらに傷つけられることにもなり得ますから、多くは「正論」や「客観論」風に語られるものです。「現在では良妻賢母を演じているが、もともとは……」と、その正体を暴くような陰口が多いのは、そのためです。「自分が傷ついている」というふうに見せないため、「その女性がみんなをだましている」という論法になるのです。

## 選ばれる＝「外見」重視になる

現実には、恋愛における女性からの告白ももはやタブーではなくなっていますし、「自分のパートナー（恋人）は自分で選んだ」という女性も以前よりもずっと増えています。

「誰と結婚したか」ではなく自分自身が社会的地位をしっかりと確立している女性も増えています。

それでもこれだけ「選ばれる性」としての特徴が残っているのは、依然として**「魅力的な女性」に求められるものが外的なものである場合が多い**からだと思います。それは外見の美しさであったり、性的魅力であったり、あるいは「女性らしい仕草」であったりするでしょう。「女性らしい細やかさ」なども「魅力的な女性」に求められる資質であることが多いでしょうが、**「女性らしい細やかさ」は、一見内面の問題に見えながら、実は「外的なもの」**と言うことができます。なぜかと言うと、**「女性ら**

**しい細やかさ」はかなりの程度マニュアル化できるもの**だからです。マニュアル化できるということは、「外から見てわかる形」であり、やはり「外的なもの」の一つと言えるのです。「細やかさ」については、他の部分とも関連しますので、後ほど改めてお話しします。

これら外的なものを男性が女性に求めている限り、**女性にはそれを「演じる」という選択肢が常に存在**します。「こういうふうに振る舞えば男性に好まれる」ということがわかれば、それを演じることができるからです。「ぶりっこ」などというものもその一つの現象と言えます。

女性を対象に行われる「嫌いな女性」のアンケート調査などを見ると、やはり「男性の前で演じている女性」は嫌われ度が高いものです。「演じる女」の不愉快さは、もちろん人間としての不正直さにもあるのですが、「もしかしたら自分もあのくらいやると得をするのかもしれない」と「女」の心を刺激する、というところにもあると言えるでしょう。「男性に選ばれる」というゲームにフェアに参加していない人に嫌悪感を覚えつつも、自分が不器用で馬鹿正直であるために損をしているような感覚になるのです。

もちろん男性の場合も「外見」は重要な魅力の一つですし、誰でも人前ではある程度は演じているとも言えますが、男性の魅力には多様性があり、マニュアル化しにくいものです。一方、「こういうふうに振る舞えば男性に好まれる」という女性の特徴は、とてもわかりやすく演じやすいものです。あまりにもわかりやすいので、他の女性からはすぐに見抜かれてしまう、ということにもなります。

## 「女」の「比べる気持ち」は、関係性の中にある

「女」が「選ばれる性」である限り、**選ばれる人がいれば、選ばれなかった人が必ず存在する**わけですから、誰かが選ばれたということは、他の「女」にとっては傷つく体験になり得ます。ある人が「きれい」とほめられるのは、それだけに収束する話ではなく、「他の女性はきれいと言われなかった」という事件でもあるのです。
これが**「女の敵は女」と言われる現象**につながります。この足の引っ張り合いを

「これだから女は……」と見る人は多いのですが、**この問題の本質は、女性の陰湿さにあるのではなく、主に外見によって「選ばれる」という受動的な立場に置かれていることにある**と言ってよいでしょう。

「女」の特徴の一つである、「すぐに他人と自分を比較する」「他人に嫉妬する」というのは、「選ばれる性」であることに由来します。誰かが選ばれるということは自分は選ばれない、誰かがほめられるということは自分はほめられない、という**相対評価の世界に生きている**からです。すでにたくさん手に入れている女性なのに、自分が持っていないものを持っている女性に対して強い嫉妬を感じる、などというのもその一例でしょう。どうしてもある一点において自分と他人を比較してしまうのです。

もちろん、自分と他人を比較するのは「女」に限った話ではありません。男性も、自分と他人を比較します。ただ、その比較の仕方は、社会における自分の位置づけをはかる指標のような形で用いられることが多いでしょう。「あの人は人間ができていてすごいな。あの人みたいになりたいな」「あの人くらい仕事ができれば、自分もまずまずだな」「あの人の営業力はだいたい自分と同じくらいのようだな」という具合に、です。つまり、「選ばれるのは自分か相手か」という比較ではなく、「人間としてどのくらいか」「社会においてどのくらいか」という話になるのです。

もちろん「男の嫉妬は女の嫉妬よりもたちが悪い」などと言われるように、政治など、**ある閉鎖空間で権力の奪い合いが起こる場合には、女性の嫉妬と同様の「誰が選ばれるか」という現象が男性にも起こってきます**。

しかし、一般には、「自分も力をつけて相手を打ち負かそう」と考えることが多く、「相手を蹴落とせば自分が上位に立てる」というメンタリティになることは珍しいと言えるでしょう。

一方、「女」は、「相手から見て自分という存在はどういう意味を持つか」というところを気にします。

例えば、きょうだい間でも、女性の方が「自分が親からかわいがられたかどうか」を気にすることが多いです。姉妹などで「自分は姉に比べて親からかわいがられなかった」「妹の方がいつもかわいがられていた」などと回想されることは多いものですが、男性の兄弟の場合はあまりそういうことを聞きません。

男性の兄弟の場合、「兄弟のどちらが親からかわいがられていたか」よりも、「どちらの方が親から期待されていたか」ということを気にしているケースが多いようです。つまり、やはり、男性の場合、「相手からどう思われるか」よりも「社会においてどのくらい高い地位につけるか」「社会においてどのくらい力を発揮できるか」「社会においてどれだけのことを達成できるか」というところに視点があるのだと言えるでしょう。どれほど親から溺愛されても、社会的に使い物にならないのであれば意味がない、と考えるのだと思います。

**「選ばれる性」である「女」は、どうしても「相手からどう思われるか」というところに目がいきます**。自分を選ぶのは相手だからです。ですから、その注目先は閉鎖空間における「相手との関係性」です。関係性を重視するというのは、「女」の特徴の一つです。「相手からどう思われようと自分の道を追求したい」などという思いにはなりにくいのです。重要なのは「自分はどうしたいか」よりも「どうすれば相手から好かれるか」なのです。どこまでいっても受動的に、他者からの評価に自分の価値が委ねられてしまうということは、「女」をとても無力な存在にします。

## 「男性中心社会」によって作られる「女」

傷は、女性同士の比較によるものだけではありません。男性優位社会では、どうしても「男性よりも下の性」としての位置づけから傷を受けることもたくさんあります。例えば、女性差別などはその典型でしょう。同じだけの仕事をしているのに男性よりも女性の待遇の方が下であったり、女性だけが雑事をさせられたり、というのも傷つく体験です。さらにやっかいなことに、男性達は女性の「かゆいところに手が届く細やかさ」に安住してしまっていて、「まあ、最後は女性が面倒を見てくれるだろう」という感覚でいることが多いものなのです。

また、「男性を立てる」という役割も要求されることが多いです。自ら責任をとることに不安を感じる「女」の中には、男性の面倒を細やかに見ることによって「サブ」の立場に甘んじる人も少なくないので、すべては男性のせいでもないのですが、**社会においても女性は「主婦」的な役割を期待されてしまう**のです。これは専門職同士でもしばしば見られる現象として知られており、それが嫌で外国に逃げ出してしまう女性もいるくらいです。

## 「女のくせに」という言葉

「女のくせに」という言葉は、あらゆる年代において、いろいろなシーンで用いられ、よく女性を傷つけるものですが、これはまさに、女性に何らかの役割が期待されている証拠ですね。女性に期待されている役割が果たされないから、「女のくせに」という気持ちが出てくるのです。

そして、「女のくせに」と言われ続けているうちに、当の女性もだんだんと、自分が相手の期待通りに振る舞わないと「だめな女性」「魅力のない女性」という気持ちになってきてしまいます。

こんなところにも女性が受ける傷はあるのです。本来は、自分の個性をのびのびと発揮して生きていけるはずのところを、「女のくせに」と言われてしまうと、萎縮してしまい、いわゆる「女」にならなければ、という気になってしまうのです。

体型やファッションもそうですね。「女のくせに、もっと気をつかわないの」などと言われてしまうと、本来自分が気に入っている、あるいはほとんど気にもしていない外見がにわかに「自分がだめな証拠」として意味を持ってきてしまうのです。また、「女のくせに、気を利かせてお茶くらい入れられないの？」などと言われると、それができない自分を「気が利かない、だめな女」と思ってしまいがちになります。

ファッションに気をつかうのも、人のためにお茶を入れてあげるのも、何ら問題のないことなのですが、他人から「女のくせに」という文脈で言われてしまうと、それは人格否定のニュアンスさえ帯びてしまいます。

そして、そうやって傷つけられていく中で「どうせ私は女だから……」と、一歩下がった姿勢ができてしまう、と言っても過言ではないでしょう。物事に率先して取り組むよりも、男性の陰に隠れて、そのサポート役に徹する、という姿勢になってしまうのです。こうして自分の意見を主張するよりも、相手の顔色を上手に読み、気の利いたことをする「女」がますます完成していきます。

## 他人の足を引っ張る「女」

自分自身が**女性であるが故に何かを我慢した人は、その被害者意識から、我慢していない女性を「許せない」と感じることも少なくありません**。「女の敵は女」と言われる現象の一部はここから生じています。ある女性が社会的に恵まれた立場に立つと足を引っ張ろうとするのは、「女性であるが故に、社会的地位を我慢しなければならなかった女性たち」であることが多いものですが（もちろん、その重要性を認識して応援に回る人もいます）、そこに癒やされていない被害者意識があることを考えれば当然だとも言えます。

社会的に活躍している女性に対して「子どもも産んでいないくせに」などとよく言われることがありますが、その非難が単に「子育て経験がないことによる無知や親としての人間的成長がないこと」にとどまるのではなく、より広範囲の人格攻撃のようになってしまうことが多いのは、子どもを産み育てるために自分の可能性の多くを犠牲にしたという思いがまだ癒やされていないから、とも言えます。

あるいは、社会的に活躍しつつ、かつ子どもも持っている、という女性に対しては「どうせ自分で育てないで保育園やベビーシッターにやらせているんでしょう。そんな無責任な子育てで、親子の絆ができるの？」などと言われることもありますね。

これも、「女同士の足の引っ張り合い」として見るべき性質のものではなく、子育ての責任がまだまだ女性の肩にかかっているから、と言えるでしょう。男性に対して「子育て経験もないくせに」「どうせ自分で育てていないんでしょう？」などという非難が向けられることはあまりないですね。子どもを育てるときに夫婦で分かちあうのではなく、子どもは女性が育てるべき、という感覚が未だに強いのです。

もちろん子どもを育てるのは幸せなことと言えるのですが、自由が犠牲になるという側面は無視できません。ですから、「子どもは女性が育てるべき」ということは、「子どものためには女性が自由を犠牲にすべき」という意味になってしまいます。

一般に、**自分が「べき」で縛られている人は、他人のことも「べき」で縛りたがる**ものです。「子どもの面倒は母親が見るべき」に縛られている人は、他の女性にもそれを求めます。ですから、「他の人はどうあれ、自分はどうしても子どもを手元で育てたい」と強く望んだわけではなく常識的な「べき」から行動している人は、自由に生きている人を見たときに「そんなふうに生きるべきではない」と感じるのです。

これがいわゆる「女性のちょっとした意地悪」につながります。「よくあんなことができるわね」「子どもがかわいそうね」という具合に、です。

もちろんトーンは「正論」風で、「私が我慢したのにあなたは我慢しなくてずるい」とストレートに語られることはありません。せいぜいが、「昔の女性には考えられなかったことね」「今時の女性は自由でいいこと」などと嫌みを言う程度です。

## 「女らしさ」を求められることによって作られる「女」

女性はいろいろな場面で「女らしさ」を要求されます。その重要なものの一つが、「細やかさ」です。それはつまり、よく察するように、ということ。簡単に言えば、相手の顔色をよく読むように、ということなのです。そして、**顔色がよく読めると、**

**「気が利く」「さすが女の子」とほめられる**ことになります。

しかし、こんなことばかりしていると、**「それが誰の領域の問題なのか」ということがわからなくなってしまいます。**

人間には、本人にしかわからない事情がいろいろとあります。持って生まれたもの、育った環境、今までに経験してきたこと、周りにいた人の価値観、最近の状況、今日の体調や機嫌など、本当のことを知っているのは本人だけです。その、本人にしかわからない領域の中で、私たちはいろいろなことを感じたり判断したりしているのです。

**相手の顔色をよく読める、相手が必要としていることを察することができる、ということは、つまりは相手の領域に立ち入って忖度しているということ。**たまたま相手に喜ばれることもあるでしょうが、その基本構造は相手に対する「領域侵害」です。

これが、「女」の一つの問題につながります。「女」には、「お母さん病」「お姉さん病」とでも言えるような特徴があるのですが、それは、「あなたのことは私が一番よくわかっているから」「あなたのことは私の方がよくわかっているから」とでもいうような態度のことです。それが当の本人の実態とずれれば「トンチンカンなことの押しつけ」ということになりますし、仮に本人に合致したものであるとしても「余計なお世話」と感じられることもあります。自分のことは自分で決めたい、そのために自由に悩んだり考えたりする空間がほしい、と思う人は多いのです。勝手に決めつけられることそのものにカチンとくる人もいます。

そもそも、その場で聞いただけの限られた情報に基づいてぱっと思いつく程度のことは、本人がとっくに気づいていて試しているもの。「そんなこと言われなくてもわかっている」「できることならとっくにやっている」「人の事情も知らないで無責任な」という思いが出てくることも多いのです。

## 自分も察してもらって当たり前の「女」

他人の領域を平気で侵害する人は、そもそも「領域」という感覚が希薄ですから、他人にも同じようなことを求めます。**自分は表現しなくても、顔色を読んでほしい、**

というような思いはその一つです。ですから、「私の気持ちはわかっているはずなのに」という不満が起こってくるのです。自分の気持ちはわかっているはずなのにそれを踏みにじるようなことをされるので、腹が立ったり、自分が大切にされていないという気持ちになったりするのです。

一般に、男性は「どれほど努力を認めてもらえたか」で相手からの愛を判断しようとしますが、女性は「どれほど自分という存在を気にかけてもらえたか」で愛を判断する傾向にあります。ですから、**「言わなくても察してもらえる」ことは女性にとってとても重要**なことなのです。機嫌の悪そうな顔をしていれば「何かあったのかな。大丈夫かな」と気にかけてもらえる、というのが一つの愛の形。つまり、「自分の領域」の中のことにどれほど気を配ってもらえるか、ということを期待しているのです。

女性は「察する」ことを美徳とされ、「気が利く」と言われるわけですから、それを相手に求めるのも不思議はありません。そして、**察してもらえないことを「気にかけてもらっていない」と感じるのも仕方がない**と言えます。しかし、**本来「自分の領域」の中のことがわかるのは自分だけ**。それを相手がうまく読まないからと言って不満に思っているようでは、人間関係の質が落ちてしまいますし、様々なトラブルにもつながってしまいます。

実は、陰口も、ここから派生してくることが少なくないのです。自分の顔色をうまく読めなかった相手が配慮のない行いをした、というときに、「常識的には、わかるわよねえ」という類の陰口がきかれることもあります。もちろん、本当に言いたいことは「自分の気持ちをわかってくれず、それを踏みにじるような行為をされて、傷ついた」ということです。

しかしストレートに伝えることには、常に「拒絶される」「変だと思われる」リスクがありますので、「女」がストレートに要望を伝えることは滅多にありません。察してもらおうとして、思う結果が得られないと陰口をきく、という構造に陥ってしまうのです。

## 「女」とは、癒やされていない心

ここまでに大きなところを見てきたように、女性は長い間、男性に選ばれる性であり、「細やか」「控えめ」「察することができる」など「女らしさ」を要求され、男性中心社会の中で「女のくせに」という立場に置かれてきた、ということを考えれば、そこでたくさんの傷を受け、また、「自分の領域」と「他人の領域」の区別がつかなくなってしまっているのは仕方がないことだと思います。

**「女」の特徴というのは、それらの傷の症状のようなもの**と考えるとわかりやすいでしょう。18ページでお話しした「他人から傷つけられてきた人」が持つ特徴にとても似ているのは、一つ一つの傷はそれほど深くないとしても、女性もやはりいろいろな場面で傷つけられてきているということなのです。また、身体の危険などにはつながらないまでも、常に「自分はちゃんと相手に好かれているか」と相手の顔色をうかがわなければならないような状況に置かれてきた、というところも似た構造です。それらの傷や警戒心が、「女」として表れている、と言えるでしょう。

ですから、目指していくべき方向は、傷の癒やしです。**「これだから女は……」とさらに傷つけるのではなく、癒やしていくことが必要**なのです。

本書では、女性同士の困った関係をどのように扱っていくか、ということを見ていきますが、その際にも基本にこの「『女』を癒やす」という視点を置いておきたいと思います。

## 「女」とうまく関わることは、自分の「女」を癒やすこと

次章から、「女」とうまくつきあっていくための方法を状況別に考えていきますが、そのポイントは二つです。**一つは、「女」をバカにしたり見下したりしない、**ということです。これは本書が目指す方向が「『女』の癒やし」にある以上、当然のことです。「これだから女は……」という見方をすると、「女」は余計傷ついてしまい、より「女」になってしまいます。そうではなく、「傷ついた心」として、癒やしの対象として「女」を見ていきます。

**もう一つのポイントは、自分自身が「女」にならないこと**です。

ここまでの話からもわかるように、確かに「『女』の敵は『女』」なのです。ですか

ら、自分自身が「女」である限り、どうしても「女」の敵になってしまいます。自分に「女」としての要素があると、それが他の「女」を刺激し、事態が難しくなってしまうのです。

「女」は「女」を嫌いますが、「女」も含めた女性全般に好かれる女性は「女」度が低い人です。さっぱりしていて、温かく、後腐れがなく、嫉妬もせず、裏表がなく、正直で、誠実で、一貫性があって、という女性はあらゆる女性に好かれますね。これは、傷ついた存在である「女」を安心させる姿勢だからです。決して自分を裏切らず、自分を一人の人格として尊重してくれることがよくわかるのです。逆に、どれほどにこやかで礼儀正しく完璧に見える女性でも、「裏では何を思っているのか」と思わせるようなところがあると、「女」には嫌われてしまうものです。

ですから、「女」とうまく関わっていくということは、実は、**自分の中の「女」とどうつきあっていくか**、ということでもあるのです。

女性同士のつき合いの質を上げるということは、自分の中の「女」を癒やすということ。普段は自分の中に「女」をあまり感じない人でも、恋愛をしたり、あまりにも

「女」度が高い人と接したりすると、自分の中の「女」が刺激されてしまうこともあります。そんなときに**自分の「女」にただ乗っ取られるのではなく、しかし「女」を否認することもせず、ありのままに受け入れ、癒やしていくことを目指しましょう。**

## 「女」の癒やしは、女性のエンパワーメント

本書で考えていきたいのは、それぞれの女性の中にある「女」を癒やしていく方向です。女性である自分をもっと好きになり、自分が女性であることに誇りを持つことができ、自分の力を感じながら発揮することができ、男性とも女性とも協調していける、そんな新たな女性像を一緒に考えていきたいのです。

そのためには、まずは自分から、**「誰が選ばれるか」というサバイバル・ゲームを降りてしまう勇気**を持ちましょう。もちろんこれは魅力的な女性であることをやめるという意味ではありません。物事の判断の軸を、**「どうすれば好かれるか」から「自分はどうしたいか」に変える**、ということです。魅力もその一つです。「どうすれば

魅力的に見えるか」から「どういう魅力を持ちたいか」に変えるのです。

それを考えるための材料として本書では「女」との難しい関係について一緒に検討していきますが、それは女性同士の関係によるストレスを直接軽減すると同時に、各々の癒やしにつながり、女性同士の関係のプラスの可能性をもっと引き出していくことでしょう。

「女」は「女」に危険を感じますが、「女」度の低い女性には安心することができ、癒やされるのです。すると、周りにいる女性たちからも「女」がだんだんと減っていきます。一人ひとりが、自立した、力強い、本当の意味で女性らしさを生かした存在になっていけるでしょう。

そんなふうに考えると、周りにいるやっかいな「女」たちが、自分の人生に災いをもたらすだけの存在ではなく、「女」の癒やしというテーマに取り組ませてくれる存在だという見方もできるようになるかもしれません。

そんな方向を目指して、カテゴリー別に考えていきましょう。

## この本の考え方

### 「女」

この本ではプロローグで挙げたようないわゆる「女」の嫌な部分を、カッコつきの「女」と表記しています。これは女性そのものを意味するのではなく、いろいろな女性に見られる、一連の困った特徴のことを指すものです。

### 3つのステップ

これから第２章以降、具体的な人間関係の悩みに対して、１とりあえずの対処法→２攻撃を受けない方法→３ 本当の意味で、よい関係を築く方法と、３つのステップで解説していきます。

STEP 1

#### 巻き込まれない

**とりあえずの対処法**

物理的にも精神的にも巻き込まれないように、一歩ひいて考える
「女」の目で相手を見ない

STEP 2

#### 自分を守る

**攻撃の対象にならないよう、自分の身を守る方法**

「女」をバカにしない、見下さない

STEP 3

#### 「女」を癒やす

**本当の意味で、相手とよい関係を築くには**

自分のなかの「女」とどうつき合うか
相手のなかの「女」を癒やすことで、自分のなかの「女」も癒やされる

CHAPTER

2

# 比べたがる「女」との関わり方

## 「女」に巻き込まれなければ自分を守れる

前章で、「女」とうまくやっていくためには自分が「女」にならないこと、というお話をしました。自分が「女」でいる限り、「女の敵は女」。うまくいくわけがありません。

ではどうやって自分が「女」にならずにいられるのでしょうか。その第一歩は案外シンプルです。それは、**「女」を「女」の目で見ない**、ということです。

「女」を「女」の目で見てしまうと、相手は自分にとって「敵」になります。すると単なる「女同士の足の引っ張り合い」になってしまい、仮に表面的にはうまくやれるとしても、心の中はドロドロ。

ですから、第一歩は、「女」の目で相手を見ない、というところからです。これが、「『女』に巻き込まれない」ということなのです。

「女」の目で相手を見ないということは、「女」についてよく知り、そこで起こっていることが**単なる「『女』のパターン」なのだと理解すること**です。つまり、**それ以上の意味づけをしない**ということです。「この人は人格的に問題があるのではないか」「この人は自分に対して特別な悪意を持っているのではないだろうか」などと考えるのではなく、**単に「『女』だからこういう条件下ではこう反応しているだけ」**と見ればよいのです。

## 巻き込まれ方には二種類ある——物理的な巻き込まれと精神的な巻き込まれ

巻き込まれる、と一口に言っても、そこには二通りの巻き込まれ方があります。一つは、行動面で物理的に巻き込まれてしまうこと。相手のせいで行動が変わってしまうことです。

もう一つは、物理的には変化がなくても、「嫌な気持ちになる」「ストレスを感じる」というもの。これは精神的に巻き込まれているということになります。

ここでは、どちらの形でも相手の「女」に巻き込まれないように、具体例を見ながら、考えていきましょう。繰り返しますが、その基本姿勢は、自分が「女」にならない、ということです。

CASE 1

## 嫉妬して張り合ってくる「女」

### Aさんのケース

Bは会社の同僚。なぜか私にライバル心をもち、何かと対抗してくる。仕事でちょっとだけ私の方がいいポジションに立っていて、よく思われていない。私に対する態度が挑戦的で、迷惑している。挑発にはのらないように受け流しているがもう限界！

仕事以外のこと、ファッションや、恋愛、何もかも比べてくるからいやになってしまう。

## 選ばれたい気持ちをどうするか

これはまさに「選ばれる性」としての「女」の症状。Aさんの方がよいポジションに立っているということは、同僚は「そのポジションに選ばれなかった」ということ。これは**「選ばれる性」としての「女」にとっては傷つくこと**ですから、当然嫉妬し、足を引っ張ってきます。「本当は、選ばれるべきだったのは私の方なのよ」というのが、Bさんが言いたいことなのでしょう。だから、何でもかんでも比較して、少しでも「本当は……」ということを主張したいのです。そして、あわよくば、相手よりも上に立って、自分の「選ばれたい気持ち」を満たしたいのです。

## 巻き込まれない

「女」に巻き込まれないためには、「女」に対する見方をきちんと定めることが第一歩となります。「女」とは、「癒やされていない心」だということを見てきましたが、この同僚の言動も、それがどれほど上から目線に見えようと、「癒やされていない、気の毒な心」そのものなのです。

「選ばれる性」としての「女」は、目につく点で相手に勝っていないと気がすみません。この同僚に起こっていることも、まさにそういう性質のことだと言えます。何であれ、勝っていないと気になるのです。癒やされていない心は、そういう表面的な「勝ち負け」に非常にこだわります。「もうこれ以上負けるわけにはいかない」というピリピリした緊張感がそこにはあります。

もちろん、その「勝ち」には満ち足りた喜びなどありません。「勝った！」と思っても、次の瞬間には別の「負けている」ところが目についたり、今度は自分が足をす

くわれるのではないかと疑心暗鬼になったり、という具合に、**「選ばれる性」として**
**の「勝ち負け」には、本当の意味での「勝ち」などない**のです。

ですから、彼女の態度を「Aさんに」挑戦してきていると見るのではなく、「彼女の」癒やされていない心として見てあげるのが適切でしょう。**少しでも優位に立って**
**いないと「自分は選ばれない存在になってしまう」「自分は価値が低い女になってしまう」ことが不安**、という彼女の気持ちを考えれば、それはとてもストレスフルな生き方だということが想像できると思います。

「自分がよく思われていない」「自分が挑戦された」と思うと「自分の話」になってしまい、どんどん彼女に巻き込まれてしまいます。でも、「ストレスフルな人生を生きている、かわいそうな人なんだな」「いつもピリピリして、自分が負けているところがないか確認しないと気がすまないんだな」という目を持って、**「彼女の話」として受け流していく**のが、巻き込まれないためには重要です。これが、起こっていることを単なる「『女』のパターン」と見る、ということです。

「受け流しているがもう限界！」ということですが、どういう姿勢で受け流すかによって、そのストレス度も違ってきます。「挑発されている」と受けとめつつ受け流すのであればそれは「忍耐」「我慢」ということになりますが、単に不安でたまらない彼女が不適切な態度を取っているというふうに見れば、「そうか、そんなに不安なんだな」と**「見逃してあげる」という余裕のある選択**ができるはずです。「そんなにいつもピリピリしていなくても、もっとゆったり暮らして大丈夫なのに」と、余裕のある態度で接することができるでしょう。こちらは「負けるが勝ち」くらいのゆったりした心境でいればよいと思います。

呪文のように唱えるのは、**「これは彼女の心の傷の話。私についての話ではない」**ということです。

STEP 2

## 自分を守る

自分と彼女の関係だけであれば、ステップ1の「巻き込まれない」だけで十分です。

しかし、彼女のようなタイプは、時に周りを巻き込んでこちらを不利な立場に追い込んでくることもあります。「Aさんは自分の方がちょっとできると思って……」と、陰口をきく可能性があるのです。毎日働く職場ですから、そのような事態は避けたいもの。巻き込まれないようにすることによって**彼女への刺激を避けていけば、不利な事態も予防する効果**がありますが、周りに対しても自分を守るためのことをしておきたいものですね。

その一つは、**「彼女の悪口を言わない」**ということです。これはまさに自分が「女」にならないことそのもの。正論じみた陰口は、いかにも「女」の専売特許ですが、「女」になってしまうと、他の「女」たちから反感を買いますし、男性からも「これだから女は……」と疎まれます。自分にとってよい状況が作られなくなってしまうのです。

もう一つは、**彼女以外の人たちとの間の信頼関係を日頃から築いておくこと**。きちんと挨拶をしたり、頼まれごとに誠意をもって応えたり、あらゆる人にフェアに接したり、**物事に対して感情的に反応するのではなく客観的に見るようにすること**。つまり、「女」度を下げておくのです。そうすれば、もしも彼女が周りを巻き込んでこちらを不利な立場に陥れようとしても、どこかでブレーキがかかるはずです。「女」度の低い人は、誰からも好かれやすいからです。

それでも彼女と一緒になって嫌なことをしてくる人たちがいるようであれば、その人もかなりの「女」。単に「女」の数が増えたと思って、同じように扱っていけばよいでしょう。

STEP 3

## 「女」を癒やす

余裕があれば、彼女との関係性にも手をつけることが可能です。それは、傷ついて不安になっている彼女を癒やしていくという方向です。

「ただでさえ面倒な彼女に、そんなことまでしてあげる必要はない」と思うのであれば、もちろんしなくて結構です。でも彼女がこれからもずっと一緒に働いていく相手なのであれば、その関係性は少しでも改善された方が楽でしょう。

不安な人に必要なものは、安心。日頃から一貫した温かい姿勢で接する、一人の人格として尊重する、彼女の中で敬意を持てるところがあれば敬意を表してあげるなど、**「あなたという存在を尊重している」という気づかい**を示していけば、彼女はだんだんと安心していくでしょう。女性は、一人の人格として誠実に尊重されると、「女」度が下がるのです。いつも選ばれようとして虎視眈々としていなくても、**「仮に選ばれなくても価値が揺るがない、尊重に値する人格として扱われている」という安心**を感じ取れるからです。

これは女性全般に言えることで、その人を**一人の人格として尊重し、心からの思いやりや感謝を表現していくと、「女」が癒えて、「女」度が下がってくる**ものです。

よく、口のうまい男性が職場の女性に「その服センスがいいね」「今日はいつにも増してすてきだね」などと歯が浮くようなことを言っていますが、「女」は結局喜んでしまうことが多いものですよね。これも、自分という存在が尊重されるからだと言えます。わざわざ自分のことを見てくれて、わざわざコメントしてくれる、というのは、自分という存在をないがしろにしていたらあり得ないことだからです。

自分の方がこんなに上、ということをことさらに示してくる同僚を受け流す際にもAさんは「へえ、すごいね」などと適当に言っているでしょうが、そこに温かい心を込めてみるのもよいと思います。彼女の話を「頑張っているんだなあ。本当はそんなこと気にしなくていいのに、一生懸命なんだなあ。それほど頑張らないと存在をないがしろにされると思っているなんてかわいそうだなあ」「私にはわからないサバイバル人生を歩んでいるんだなあ。苦労が多いだろうなあ」と思いながらじっくりと聞き、「本当にすごいんだね」と、心を込めて温かく言ってみると、**「どちらが上か」ではなく、彼女は自分自身が受け入れられたと感じ、だんだんと癒やされていく**と思います。

そして、長い時間の中では、彼女から「安心できる人」と思われるようになっていくでしょう。彼女自身の癒やしがどこまで進むかは彼女の問題ですが、Aさんとの関係性はかなり癒やされたものになっていくはずです。「女」は「形ばかりのつながり」

を求める、ということについては後述しますが、心から安心できる人だという感覚がつかめてくると、それは「形ばかりのつながり」とは全く異なるつながり感を作っていくものです。

こういう関係を相手と持っていければ、「もう限界！」と思っているよりも、Aさん自身にとっても癒やしになると思います。**相手の「女」が癒えるときは、自分の「女」も癒えるとき**。すがすがしく、温かい瞬間が増えてくると思いますよ。

CASE
2

# 他人のライフスタイルを非難する「女」

## Cさんのケース

専業主婦の友達から働いていることを非難されます。第一子を出産後半年で仕事に復帰しました。同時期に子どもを生んだ友人は専業主婦。出産時期が近かったこともあって、妊娠中や産休中はけっこう連絡をとっていて心強くも感じていましたし、前以上にぐっと仲良くなりました。でも私が仕事に復帰すると、「子どもがかわいそう」とか「３歳まではそばにいたほうがいい」とか言われることがあります。カドが立たないように「うちは両方働かないと金銭的に厳しいから」と答えているのですが、そうするとまるでこちらが嫉妬したりひがんだりしているような受け取られ方をします。金銭的なことだけでなく私は自分のためにも働いていた方がよいと考えているのですが、そう話すと逆に専業主婦である彼女を非難しているようにも聞こえてしまうかもしれないし……。それさえなければ、よい友達なんですが。

## ライフスタイルの違いをどう乗り越えるか

**ライフスタイルの違いによる悩みは、不思議なほど女性特有**と言えるものです。

例えば、職場に子育て中の女性と独身女性がいる場合、子どものために早く帰る女性に対して独身女性は「独身の自分が残業をすべて押しつけられる」と感じがちですし、逆に子育て中の女性は気楽に飲みに行ったりする独身女性を見て「独身の人には自分の苦労はわからない」と感じがちです。「同じ女性同士だから味方してくれるはず」などという思いを持って育休から復帰した女性などは、**往々にして、男性よりも女性の方が厳しいことに愕然**としたりするものです。

実はこのライフスタイルの違いは女性特有のものではありません。男性にも、やはり子育て中の人と独身の人がいます。しかし、この両者がお互いを非難がましい目で見る、という話はあまり聞きません。

もちろん最大の理由は、まだまだ子育ての多くを女性が担っているという現実にあるのでしょう。子育て中の男性が、子育て中の女性と同じだけ、仕事と育児の両立に苦労しているか、というと、やはり差があると思います。小さな子どもがいる女性が飲みに行くことはとても難しいけれども、男性の場合は「つき合いだから仕方がない」と、そのハードルは低くなることが多いものです。

そのような背景は確かに存在しているのですが、このCさんのケースの場合、自分が働くことが専業主婦の友人の育児を難しくするわけではありませんから、そこには単なる**「相手のライフスタイルによって自分が現実的に割を食う」という問題ではない、より精神的な要因**があることがわかります。

なぜ、女性は自分とは異なるライフスタイルを選んだ女性に対してよい感情を持てないことが多いのでしょうか。

それは、**どのライフスタイルを選んでも、「大きく失う」ものがある**からだと言えます。例えば会社員の男性が子どもを持っても、一般に、「会社員」というアイデンティティや、将来のキャリアの見通しまで失うわけではありません。しかし、女性の場合、本当は、社会でも活躍したいし、子どもも育てたいと思っても、その全部を手に入れることは、今の社会の仕組みや人々の意識から言ってもかなり難しいのです。また、「母親なのだから子どもの近くにいてあげたい」という気持ちもありますし、「子どもが小さいうちは母親が自分の手で育てるべき」という価値観もあるでしょう。ですから、**何かを諦めざるを得ないということになり、「自分にはないものを持っている人」への嫉妬**を感じることになるのです。

その**嫉妬は、例によって「正論」として語られている**ことの中に見つけることができます。「子どもがかわいそう」「3歳まではそばにいたほうがよい」などという言葉からわかるのは、「自分は子どもがかわいそうだと思ったから、本当は仕事を続けたかったけれどもやめた」「本当は四六時中子どもと一緒にいるのは閉塞感があってストレスだけれど、3歳まではそばにいたほうがよいと聞いたから我慢している」ということなのです。

そんなふうに正直に言ってもらえれば、「子どものためを思って偉いよね。私にはとてもできない」と賞賛したり、「確かに子どもとずっと一緒にいるのは大変だよね。でもよく頑張っている」などとねぎらったりすることもできるでしょう。でも、「子どもがかわいそう」「3歳まではそばにいたほうがいい」などと言われてしまうと、ただこちらが悪いと決めつけられているだけ、ということになってしまい、お互いの立場を慮ることもできません。

そもそも、女性の人生はとても多様なものだとは言いながら、ゼロベースで何かを決めている人はほとんどいないでしょう。「3歳までは母親がそばにいたほうがよい」などという「俗説」（ちなみに、保育園にも預けずにそばにいるほうがよい、という「三歳児神話」は学術的には根拠のないものとして否定されています）や、周囲からのプレッシャーのために、生き方を余儀なくされている人も多いのです。

あるいは、自分が小さい頃母親が働いていて寂しかったから、自分は絶対に専業主婦になると決めていた、という人もいます。確かにその人は寂しかったのだと思います。しかしそれは、実際のところ、働いていたという事実によるよりも、子どもと向き合う親の姿勢の問題であることが大部分なのです。「どうせ自分は働いていて十分に子どもにかまってあげられないから」という罪悪感や、仕事と育児の両立の困難からくる切迫感のために、子どもに背を向けるような態度をとってしまう大人が多いのです。それで子どもに寂しい思いをさせる、というのが多くのケースにおける本質です。短時間であっても、「子どものためだけの時間」をもうけることで、母親が働いていることの問題は解決できることが多いものです。

ですから、本当は、まず、自分にとって最も心地よい子どもとの関わり方を考えて、それに合わせてライフスタイルを選べばよいのです。いつも子どもと一緒にいなければうまく関われない、自分は複数の課題を同時にこなすことは苦手、子どもと一緒にいてやってあげたいことがたくさんある、と思う人は専業主婦の道を選べばよいですし、仕事をしていた方が子どもとうまく関われそう、いつも子どもと一緒にいたらストレスから虐待してしまいそうだという人は仕事を持てばよいでしょう。人それぞれのあり方があってよいのです。

「自分にとって最も心地よい子どもとの関わり方」には、経済的事情も含まれるでしょう。「今月のやりくりはどうしようか……」などと思いながら子どもと一緒にいても、決して居心地がよいとは言えないと思います。ですから、そんなことも総合的に判断して、自分のライフスタイルを決めればよいのです。それはときに「余儀なくされる」というものかもしれませんが、「与えられた条件の中で、最もよく子どもを育てていこうと思ったら、こんなところだな」と考えれば、「決める」ということになるでしょう。

どのライフスタイルが「正解」ということはありません。ある人にとっては専業主婦が「正解」に見えるかもしれないし、そうでない人もいるでしょう。しかし、それは**その時点で考える「正解」であって、永続的なものでもない**のです。専業主婦を選んだ場合、結婚生活がずっと順風満帆でいけばよいでしょうが、離婚やDV、夫の浮気ということになると人生の計画がすっかり狂ってしまいます。つまり、「夫がどういう夫であり続けるか」にすべてが委ねられてしまうとも言えるのです。

では、仕事を続けることを選べば万事オーケーかと言うと、そこもまた仕事と家庭の両立という茨の道。どちらも十分にできないという不全感を抱えながら、綱渡りのような日々を必死で生き延びる自分に比べて、優雅に日常を楽しむ専業主婦が羨ましく思えることもあるはずです。

そんなふうに、**「羨ましく見える」ものに対しては、「正論」を盾にとってちょっと**

**意地悪なことを言う**、という「女」の現象が起こってきます。本当はそれぞれが、相手に比べれば「多く持っているもの」があるのですが、**「相手が持っているのに自分が持っていないもの」に目がいってしまう**のです。まさに、癒やされていない心がなせる業だと言えるでしょう。

STEP 1

## 巻き込まれない

相手の話を「正論」として受けとめてしまうと、自分のライフスタイルを否定することになってしまいますし、自分が間違ったことをしているような気にもなります。「子どもがかわいそう」などという罪悪感にとらわれてしまうと、結果として子どもとの時間の質さえ下がってしまう、ということになりかねません。

しかし、どのように子どもを育てるかというのは、それぞれの「領域」の中の話。どんなライフスタイルが合うかは人それぞれ。自分の性格にも、パートナーのタイプにもよります。実家の援助の質と量にもよるでしょう。ですから、**どのライフスタイルが「正しい」ということはない**のです。

人によっては、ある程度社会に居場所がないと、蓄積したストレスが子どもへの虐待として向かうことすらあります。日中は保育園で温かい保育を受け、朝晩は親と密な関わりをする子どもと、一日中親と一緒にいるけれども虐待（育児放棄を含む）を受ける子どもとを比較して、親が働くことが「かわいそう」「そばにいた方がよいのに」と評価を下すこともできないでしょう。どのライフスタイルが合っているかは、本当にケースバイケースなのです。

それが**誰の領域の話なのかの区別がつかなくなってしまうのも「女」の特徴**。ですから、この現象に巻き込まれないためには、相手が言っている「かわいそう」「そばにいた方がよいのに」ということが、**「相手がこちらの領域について勝手に下している評価」に過ぎない**、ということをよく認識しておくことです。つまり、自分とは直接関係のない、単なる「『女』のパターン」の話なのです。

これは「お母さん病」の一種とも言えるでしょう。「あなたのことを一番よくわかっているのは私」という姿勢だからです。

相手がこちらの事情も理解しようとせずに勝手に評価を下しているときは、その中身について議論する必要もなく、単に「それはあなたが下した評価なのよね」ということを明確にすれば、領域侵害を防げます。つまり、「子どもがかわいそう」と言われたら、「そうか、あなたはそう考えるのね。いろいろな考え方があるよね」と言えばよいだけでしょう。実際に子どもがかわいそうかどうかを話し合う必要はありません。

また、**なぜ相手が領域を乗り越えてこのような評価を下してくるのかと言えば、自分自身いろいろな焦りや逡巡がある中で、「決めつけ」によってその不安のバランスをとろうとしているから**と考えることができます。「私が選んだ生き方、これでいいよね」「あなたの方が間違っているんだよね」という確認作業なのです。**決めつけが強い人ほど、不安が強い**と言ってもよいでしょう。そんな人に対しては、安心を提供するために、「そう思って頑張っているんだね。本当にいいお母さんだよね」などと言ってあげればよいと思います。

STEP 2

## 自分を守る

仕事と育児を両立させているBさんに対して相手が羨望や嫉妬を持っている場合、必要以上に嫌な思いをすることもありますので、自分を守ることも考えておきましょう。

それは、**基本的に相手の生き方を尊重し、対立しないこと**です。ステップ1で**「自分の領域」を守ったのと同じように、「相手の領域」を尊重**してあげましょう。「私だったら一日中子どもと一緒にいるなんて、できないだろうな。本当にいいお母さんだよね」と心からほめてあげて、**相手に反感を持たれないように**しましょう。反感を買ってしまうと、妙なトラブルの火種を作ってしまうことになりかねません。

なお、「うちは両方働かないと金銭的に厳しいから」という言い方では、相手は「妬まれている」「恵まれている自分を責められている」と感じがちですが、「本当にいいお母さんだよね」と心からほめてあげるということは、相手という存在を尊重してあげていること。「女」の癒やしにつながる姿勢です。

STEP 3

## 「女」を癒やす

どんなライフスタイルを選ぼうと（あるいは余儀なくされようと）、子どもを持ち育てている、という点では同じ立場。子どもたちのために地球環境を心配し、できるだけよい未来を作ってあげたいと思う気持ちも共有できるはずです。

話題を、「専業主婦とワーキングマザーのどちらがよいか」という小さなところに絞らず、もっと大きなこと、例えば、子どもたちから学べること、子どもたちの今後のために心配なことなど、**より一般的な話にしていけば、共感しやすくなる**でしょう。

**女性の人間関係は、「各論」よりも「総論」**。ライフスタイルが多様な女性が「各論」を論じている限り、どうしても「違い」にばかり目が向いてしまい、「味方か敵か」ということになってしまいますが、「総論」であれば共感することも団結することもできるはずです。つまり、本当のつながりができるのです。そうやって、小さな世界から、大きな世界に一歩踏み出しましょう。

「選ばれる性」、つまり受動的な存在でいる限り「女」にとどまってしまうのですが、「子どもたちのために何ができるか」という能動的な姿勢に転ずれば、「女」が癒やされ、パワフルな存在になっていくことができます。まさに「母は強し」なのです。

CASE
3

# 大切にされたい

## Dさんのケース

ほかの人と遊ぶと嫉妬される。

E子はとても仲のいい友達なのですが、私が他の女友達と遊ぶのをとても嫌がります。話しているだけでも、「なんでこんな人と仲良く話しているの？」というのがあからさまに表情に出ています。何かを報告すると、それ他の人にももう話したの？と聞かれたり……。E子は私にとっても、一番といっていいくらい仲がいいし大事な友達ですが、E子ほどではなくても、他にもいろいろ友達はいるわけで……。どういう距離感で付き合えばいいのでしょうか。

分析

## 選ばれること、大切にされること

「選ばれる性」である「女」は、**自分という存在が大切にされているかどうか**を、関係性の中でとても気にします。他の人と遊ぶということは、「遊び相手として自分が選ばれなかった」ということですし、何かを話す際にも、自分が「一番先に話したい相手」として選ばれるか、ということに敏感なのです。

STEP 1

## 巻き込まれない

「女」の目でこの問題を見ない、ということは、E子さんの**顔色を必要以上に気にしないようにする**ということです。

E子さんはかなり「女」度が高い人と言えますから、もしもこれからも大切な友達としてE子さんとつきあっていきたいのであれば、彼女の「女」ともうまくつき合っていく必要があります。自分が十分E子さんを大切に扱っていると思えるのであれば、それ以上E子さんの顔色を気にしないようにしましょう。

「女」に巻き込まれないための一つの効果的なテクニックが、**「『女』をスルーする」**ということです。どういうことかと言うと、単なる「『女』のパターン」が目に入らないかのように振る舞うのです。例えば、他の友達と話しているときにE子さんが**すごく嫌そうな顔をしていても、その顔が目に入っていないように振る舞えばよい**ですし、「それもう他の人に話したの？」と聞かれたら、「うん、〇〇に話したよ」と極めてさっぱりと答えればよいのです。

「E子が気にするだろうな」という思いそのものが、すでに「女」の目線になってしまっています。ここまで「女」度が高いE子さんは、それなりの事情を抱えた人なのでしょう。かなり厳しく否定的に育てられてきたのかもしれません。それはE子さんの領域の話で、実際にはよくわからないものです。

Dさんにできることは、シンプルです。自分が十分にE子さんを大切にしていると思うのであれば、**自分の言動に対してE子さんが眉をひそめても、それはE子さん自**

**身が癒やしていくべき領域の話なのだ、というふうに認識すること**です。

## 自分を守る

自分のスタイルを確立してE子さんとうまくやっていこうと思っても、「大切にされていない！」とE子さんが強く感じると、陰口をきくなど、足を引っ張ってくるかもしれません。もちろんこうなった時点でもなお本当に大切な友達としてやっていきたいか、というのは再考する余地があると思いますが、できるだけそんな事態は引き起こしたくないですね。そうならないようにE子さんに対してはどうしたらよいか、というのはステップ3を参照してください。

ただし、E子さんのように極度に「女」度が高いタイプが相手の場合、よほど特殊な環境にいるのでもなければ、E子さんと**適度な距離を置いておく方が全体に自分の安全が守られる**はずです。E子さん以外にも、親しい、より公平な友達を作り、友達関係のバランスをうまく保っておいた方がよいでしょう。そうすれば、E子さんがおかしな状態になったときに、他に誰とも親しくできない、というような事態に陥らずにすみ、結果として自分を守ることになります。E子さんに言われるがままに、あまりにもE子さん中心に友達関係を絞ってしまうと、DさんとE子さんだけが全体から孤立してしまう、ということにもなりかねませんし、DさんもE子さんと同類の「女」度の高い人だと誤解される可能性もあります。

STEP 3

## 「女」を癒やす

E子さんの嫉妬深さは、もちろん「選ばれる性」としての傷ついた「女」のパターン。もしもE子さんとの友情をこれからもきちんと維持していきたいのであれば、例えば、他の友達と遊ぶときに嫌がるE子さんに「E子は何で嫌なの?」と聞いてみるとよいでしょう。「女」度の高いE子さんですから、おそらく返ってくる答えは、その友達についての批判的なコメントでしょう。「どうしてそんな人と遊ぶの？」ということなのです。

しかし、E子さんが本当に言いたいのは、「どうして私のことを選んでくれなかったの？」ということ。ですから、E子さんから批判的なコメントが返ってきても、それにそのまま言い返さず、「E子は私にとって本当に大切な友達だよ。私が誰と遊んだってそれは変わらないんだよ」「E子は私にとって本当に大切な友達だよ。一番に報告できなかったけれども、E子が大切だということは変わらないんだよ」と言ってあげましょう。

**選ばれなくても価値がある、ということを、一貫して、折に触れて伝えて**いってあげれば、少しずつE子さんの「女」も癒えてくる可能性があります。

一方、「どうしてそんなこと気にするの？」「○○ちゃんもいい子だよ」などと言ってしまうと、「どうして私のことを選んでくれなかったの？」と寂しい気持ちを抱えているE子さんは余計に傷ついてしまい、「女」度がますます高くなってしまうでしょう。

CASE 4

## ほめられたとき、どう返せばいい？

女子同士でほめ合いになることってありますよね。「かわいい」「モテるでしょ」とほめられることが度々あります。「はい、そうなんです」とはもちろん言いづらいし、かといって「全然」「そんなことない」と強く否定したり、「○○さんこそ」と社交辞令的にほめ返すのも、嘘っぽいというか本音を見せていないみたいで感じが悪い気がします。女子にほめられたとき、どのように返すのが正解なのでしょうか。

分析

## 「女」が「ほめる」ということ

「女」はほめることによって、「嫉妬もしない、相手のよいところを認める、性格のよい人」を演じることが多いです。中には単に「ほめることができる自分」を見せたいがためにほめている人もいて、ほめている対象にはほとんど興味もない、という場合すらあります。

「女」は**ほめることによって自分を守ると同時に、相手がどんな人間か調べる**、というところがあります。批判を「正論」として語るのと同じで、とても安全な立ち位置なのです。自分は安全な場所に身を置いて、かわいい子に「かわいい」と言って傲慢さを調べたり、あまりかわいくない子に「かわいい」と言ってみて、「勘違い」度をチェックしたりするのです。

STEP 1

## 巻き込まれない

ここでも、この全体を「女」の目で見ない、ということが重要です。「女」の目で見てしまうと、「こう答えたらどう思われるだろうか」というところばかりが気になってしまうからです。

「女」の目で見ない、ということは、相手と自分を比べないこと。「かわいいか、かわいくないか」という受動的な評価の軸に自分を委ねないことです。「かわいい」と言われたときに、それを肯定しても、否定しても、その軸にとどまったまま、ということになります。

注目したいのは、**相手が自分にそう言ってくれた、というコミュニケーション**。「そんなふうに言ってくれて本当にありがとう」とまずはお礼を言うとよいでしょう。さらに「本当だとしても違うとしても、言ってくれたことが嬉しい」と言えば、「かわいいか、かわいくないか」の軸を手放していることが明確になります。相手がさらに「本当にかわいいってば」と言ってきても、また「そんなふうに言ってくれてありがとう」と言えばすみます。

STEP 2

## 自分を守る

この手の話題で心配なのは、陰で「あの人自分のことかわいいって勘違いしているんだよ」「無理してほめてあげたのに当然のように受け取った」「本当は自分がかわいいと思っているくせに謙虚すぎてわざとらしい」などと言われるようになることです。いずれも、「かわいいか、かわいくないか」の軸の上にあることがわかると思います。

ですから、ステップ1の方法を徹底していけば、かなりの程度自分を守ることができます。さらにだめ押しとしては、「そんなふうに言ってくれて本当にありがとう」の後に、「○○ちゃんって本当に優しいね」と心から相手をほめておくとよいと思います。相手にどんな下心があろうと、自分がほめてもらったのは事実。ですから、その行為に対して「優しい」と感謝するのは自然なことです。

つまり、この話の全体を**「自分がかわいいかどうか」の話ではなく、「人をほめて**

**あげる彼女は優しい」という話**にしてしまえば、かなり自分を守れることになるでしょう。

STEP
3

## 「女」を癒やす

自分が人間として尊重されると「女」が癒やされる、ということを前述しましたが、自分が単に「かわいいか、かわいくないか」の評価対象ではなく、**自分が言われたことに対して心からお礼を言うことで温かいつながりを感じられる**、という主体になれると、ぐっと「女」が癒やされます。他人から「かわいい」と思われたときのみ価値が生まれる、という無力な存在ではなく、温かい心同士でつながれる、力強い存在になれるのです。

CASE 5

## 友人の結婚が喜べない

仲のよい友達の結婚が決まったのですが、素直によろこべません。学生時代からのつき合いで、卒業後も同じような業種に就職したこともあって、しょっちゅう会ってきた、大事な友達です。相手の男性は大きな企業に勤めていて、イケメンで、申し分のない人だと思います。もちろん「おめでとう」と祝福はしましたが、彼女が別世界に行ってしまうというか、心のどこかで置いてけぼりになったような気持ちがあって、心からよろこんでいないない自分もいます。大事な友達なのに、複雑です。

分析

## 「一緒感」が壊れるとき

**「選ばれる性」として常に「張り合っている」「女」は、相手が「申し分のない結婚」**

**をすることに当然敏感**になります。それまでは、だいたい同じような条件で「一緒感」が強かったのだと思います。しかし、彼女は「申し分のない」相手に選ばれたけれども、自分にはそのようなことは起こっていない、という状況では、取り残されたような気にもなります。その感じ方を強く言うと、「一緒だと思っていたのに裏切られた」「彼女ばかりずるい」という性質のものです。

結婚が決まった女性の話題が、基本的に婚約者や結婚式を取り巻くものばかりになってしまうことも、その感じ方に輪をかけるものです。

これらのことを考えると、**複雑な気持ちになるのは当然**だと言えます。

STEP 1

## 巻き込まれない

「結婚が決まった」というニュースは、そもそも衝撃的なもの。人間は、（その人にとって）**ネガティブな衝撃を受けると、傷つき、「もう傷つきたくない」という態勢**

**に入ります**。それは、警戒心や、「自信のなさ」として表れることが多いです。

例えば、「友達なのにあまり相談してくれなかった」友達への不信感が芽生えると、「他の人も皆結婚に向けて順調に歩んでいるのではないか」などという猜疑心も生まれます。また、そもそも自分が結婚をしていないために、こんな話から衝撃を受けたのですから、どうしても「結婚」に目が行きます。「自分は結婚できるだろうか？」「こんな自分ではきっと無理だろう」などと「自信のなさ」を強く感じることも多いでしょう。

まずは、**自分の反応を、「衝撃を受けたときには当然の反応」として肯定**しましょう。それは衝撃を受ければ誰にでも起こる性質のもので、いちいちそれに基づいて行動したりする必要はありません。

友人の話題における割合として、婚約者や結婚式の話はこれからますます多くなってくると思われ、関係性は否応なく変わっていきます。話題から衝撃を受けることもあるでしょう。そんなときにも、**「ああ、衝撃を受けたからこんな気持ちになっているんだな」と確認しながら進めば、自分を必要以上に傷つけずにすみます。**

彼女と一緒にいると自分の方がおかしくなりそう、と本当に感じるのであれば、**しばらく距離を置くのも一つの手**です。特に結婚についてかなり気にしている人にとって、「申し分のない結婚」をしている人は、役に立つ情報を与えてくれるかもしれませんが、心の癒やしは与えてくれないのです。

STEP 3

## 「女」を癒やす

相手は、「こんなに申し分のない男性に選ばれた」というところに不安定な満足を持っているでしょう。不安定、というのは、今がいくら幸せで、どれほど強く愛されていても、長い結婚生活がどうなるかわからないからです。夫の浮気や病気など想定外のことが起こって家庭が壊れるかもしれません。ですから、**「選ばれた」のは結婚生活の始まりに過ぎず、必ずしも一生の幸せを提供してくれるわけではない**のです。

「あなたは大切な友達なのだから誰にも話せないことがあったら相談してね」と温かく言って自分の立ち位置を明確にしておくのもよいでしょう。**「女」同士で張り合うのではなく、フェアで思いやりのある態度をとる**と、自分の中の「女」も騒ぎませんし、相手の「女」も癒やされていくでしょう。

CHAPTER

3

# 「敵」「味方」を作りたがる「女」との関わり方

# 仲の悪い上司の板挟み、派閥

## Aさんのケース

女性上司BさんとCさんが対立している。自分には直属の男性上司も別にいるが、BさんとCさんも、無視することができない。具体的に困っていることは、Bさんからお茶やランチに誘われること。行ったら行ったでCさんから私まで敵視される気がする。かといって断り続けるのも苦痛。

## 「敵の味方は敵」理論

傷ついた心である**「女」は、相手が自分の「敵」か「味方」かに敏感**です。
このケースで言えば、BさんとCさんは「敵」同士。Bさんから誘われてお茶やランチに行くことは、Cさんからすれば「敵になびいた」ということになり、Aさんも一緒に「敵」扱いを受けることになる、というのはあながち見当外れな推測ではないでしょう。「敵の味方は敵」ですからね。

STEP 1

## 巻き込まれない

「どちらの味方か」という世界に巻き込まれないようにするためには、もちろん誤解を招く行動をできるだけ避けること。一方の誘いに応じたら、当然誤解を受ける可能性が高まるでしょう。また、誘いに応じても、そこでもう一方の悪口を聞かされたり「あなたは私につくわよね」というような話しぶりをされたりするのが関の山。何も愉快なことはないでしょう。

ですから、ステップ1は**物理的には「誘いを断る」、そして精神的には「それを苦痛に思わない」**ということになります。

全般に「女」に対して何かを断るときには注意が必要です。女は「否定される」ことに極度に敏感だからです。否定したつもりはなくても、「自分が否定された」と受け取られると、「敵」だと思われてしまい、感情的な攻撃の対象になりかねません。ですから、「誘ってもらって本当に嬉しいんですけど」と、誘ってくれたことに感謝を示しつつ、現実的な用事のために行くことができない、というニュアンスを強く出す必要があります。

**「誘いを断る」という行動も、どういう姿勢で行うかによってストレス度が変わってきます。**断るのを苦痛に感じるのは、「断ると『つき合いが悪い』と思われるのではないか」ということが気になるからかもしれません。

しかし、「つき合いが悪い」と思われることは、案外自由をもたらしてくれるものです。「つき合いが悪い人」になってしまえば、面倒な誘いを受けることも減ってくるでしょう。「つき合いが悪い人」になってしまった上で、本当に自分がつきあいたい人とだけこっそりつき合う、というやり方は案外よいものです。

そもそも「自分がどう思われるか」を過剰に気にするのは、やはり「女」の気持ち。また、「快く相手の要望に応える」というのも「女」に期待される役割です。ですから、**「つき合いが悪い」と思われることに抵抗を感じる、というのはかなり「女」的な側面**もあるでしょう。

自分が「女」にならないためには、**「どうすれば好かれるか」から「自分はどうしたいか」に転じる**必要がある、ということを45ページでお話ししました。ですから、この職場で働いていく上ではこうしたい、という自分の「したい」を意識してよいのです。職場は仕事をするところなのだから、私的なつき合いは基本的にしない、ということでも全く問題はありません。もちろん公的な忘年会などには参加するとしても、私的なつき合いは仕事と直接の関係はないはずです。わざわざ「私は職場の人とは個人的につき合わない方針です」などと公言すると「女」を刺激してしまいますのでお勧めしませんが、心の中で「自分は職場では『つき合いが悪い人』になろう」と決めて、誘いを淡々と断るのであれば、それほどストレスを受けずにすむはずです。

STEP 2

## 自分を守る

誤解を招く言動を避けることによって、つまり、ステップ1を徹底することによって、自分を守ることがかなりの程度可能になるはずです。これは、「誘いに応じない」ということだけでなく、Bさんについてもさんについても一切コメントしない、BさんとCさんの対立についても陰口をきいたりしない、ということも含まれます。**「BさんとCさんの対立」が見えていないかのように振る舞う**とより安全です。75ページでご紹介した、「『女』をスルーする」テクニックですね。

あとは普通に、**BさんとCさん以外の職場の人との信頼関係**を日頃からちゃんと作っておきましょう。直属の男性上司との関係を良好にしておくと同時に、本当に困った事態に巻き込まれたときに相談できる人を確保しておくと安心でしょう。

STEP 3

## 「女」を癒やす

相手が一人であれば相手を直接癒やしていくこともできますが、この状況のように、対立する二人がいて、どちらかに優しい態度をとると誤解されかねない、という状況では直接の癒やしは難しいでしょう。

そんなときでも、自分自身が独特の存在感を示すことによって「女」の癒やしを進めることは可能です。具体的には、**「女」でない女性として職場にい続ける**ことです。例えば、先ほどお話ししたように、BさんとCさんの対立が目に入らないように振舞うというのもそうです。また、BさんとCさんそれぞれと仕事で接するときに、一人の個人として尊重する姿勢を常に維持するとよいでしょう。「どちらが選ばれるか」「誰が味方で誰が敵か」というサバイバル生活を送っている二人に、人間として誠意を持って接することによって、小休止を与えてあげるのです。

こんなことをしていると、**「職場の人間関係にあまり関心のない、『女』っぽくない公平な人」として見てもらう**ことができるようになってきます。それが結果としてBさんから見てもCさんから見ても「信頼できる人」になり、実際に二人を癒やしていくことになるでしょう。

CASE
7

## いない人の悪口大会

### Dさんのケース

子どもの幼稚園のママ友で集まると、その場にいない人の悪口を楽しんでいる人たちにイライラする。具体的には、その人の服装や変わった癖などをみんなであざ笑っている。それに、自分も言われているんじゃないかと思うと、人間不信になりそう。

分析

## 陰口の意味

陰口も「女」の特徴の一つですね。「選ばれる性」として、**「敵」と「味方」の区別**をきちんとしておきたいというのもその主目的ですが、第5章でお話しする**「形ばかりのつながり」のためにも陰口は機能**します。一緒に陰口をきいてくれる相手は「形ばかりのつながり」を持っていると言えるからです。

また、陰口であればその場で当の相手から反論されたりはしないもの。基本的に傷ついた存在である「女」は、直接攻撃に決して強くありません。安全な立場に身を置いて、「敵」の批判をするのがよいのです。

STEP 1

## 巻き込まれない

陰口をきく人は、人間として信頼されることはありません。また、陰口をきいていると「陰口をきく人」ばかりが周囲に集まってきますので人生の質がぐっと下がってしまいます。

陰口に巻き込まれないためには、やはり、**陰口を単なる「『女』のパターン」として見ること**。そして、自分は「女」にならないようにするわけですから、まず**自分自身が人の陰口をきかないこと**です。陰口ワールドの住民になってしまうと、それがどここにどう伝わるかわかりませんし、自分も言われているのではないかという思いから常に自由になれなくなります。

また、陰口を単なる「『女』のパターン」として見るということは、**陰口に意味を認めない**ということでもあります。傷ついた人たちが、「安全」な場所で、それぞれの傷を正論風に語っているだけの話なのです。ですから、「卑怯だ」などと評価を下してイライラする必要もありません。

仮に自分が陰口をきかれているとしても、それは自分についての話ではなく、「女」たちの心の傷を反映しただけのもの。そんな陰口に意味を認める、つまり**「自分が言われている」ととらえることは、陰口に巻き込まれるということになります**。「人間不信になりそう」というだけでもすでに精神的に巻き込まれていますし、それを気にして何かを言ったり、「一緒にいないと悪口を言われるから」と、群れから抜けられなかったり、ということになると、行動や時間まで支配されていきます。

STEP 2

## 自分を守る

陰口をきかない、陰口に意味を見いださない、というステップ1によって、かなり自分を守ることはできるはずです。

その上でさらに自分を守るためには、**陰口をききそうな人と親しくなりすぎないようにする**と共に、**愛想をよくする**ことが役立ちます。

これは、相手にとって最も「刺激の少ない人」になるということです。親しくなりすぎるとどうしても感情的な反応を招きやすくなり、陰口の対象となるリスクが高まります。

同時に、相手を見下している感じを持たれてしまうと、これまた陰口の対象となってしまいます。ですから、ある程度の距離を持って、かつ愛想よく、という姿勢が最もよいのです。**「刺激の少ない人」、つまり、まるで空気のように気にならない存在**になれれば、陰口の対象となるリスクをかなりの程度減らせるでしょう。

その他の人に対しては、「陰口をきかない」フェアな性格だということが伝われば、陰口の連鎖に巻き込まれるリスクが減るはずです。これまた、「女」にならない、というところに集中すればよいだけの話です。

## 「女」を癒やす

**陰口とは心に傷を負っている人がするもの。**「女」を癒やす、という趣旨から考えても、「陰口はやめようよ」などと批判的なことを言うのは方向性が違いますね。

○○さんの陰口を聞かされてしまったときには、「○○さんについての話」として聞くのではなく、**「癒やされていない人の痛み」について聞く、という意識を持つ**とよいでしょう。相づちとしては「大変だね」「そんなことがあったんだね」という程度にとどめ、**○○さんについては何も言及しない、相手をねぎらうだけの表現**が安全だと思います。

こうやって本人の「痛み」として話を聞いていくと、「○○さんのせい」にしていた心が、だんだんと癒やされてくることもあります。これは、○○さんについて一緒になって悪口を言うときには起こりえない現象です。なぜかと言うと、本人の「痛み」として聞くときには、聞き手の意識が○○さんではなく、話し手本人に集中しているから。じっくりと話を聞いてもらえるのは、癒やされる、嬉しい体験ですね。

CASE 8

# ミスを指摘したら悪口を言いふらされる

## Eさんのケース

同僚のミスを指摘したばかりに、私の言ってもないこと、やってもないことをいいふらされて迷惑している。職場の他のメンバー（上司含めて）も彼女の言うことを信じている節があり、くやしい。

分析

## ミスの指摘には要注意

**「女」のミスを指摘することは致命的**にすらなります。「女」は癒やされていない心なので、ミスの指摘は単なるミスの指摘をはるかに超える意味を持ってしまい、人格否定とすら受けとめられてしまうのです。そして、そんなことをしてくる相手はもちろん明確な「敵」。「敵」が発生したら感情的に周りを「味方」で固める、という定石通り、この同僚はネガティブなことを言いふらしているのです。

本来は、この事態そのものを避けることが最善です。自分が職責上ミスの指摘をしなければならない立場にない限り、「女」の要素がある人にミスの指摘はしない方がよいでしょう。どうしても自分がそれに気づかなければならない立場なのであれば、「ミスの指摘」という形ではなく、「より完璧にするためのお願い」「ちょっとした提案」として伝えるなど、**「敵」のにおいがしない方法を工夫した方が安全**です。

## 巻き込まれない

何であれ、「女」のメンツをつぶすようなことは避けた方がよいのですが、それをすでにしてしまったのですから、ある程度引き受ける覚悟は必要ですし、実際に巻き込まれていますね。すでに「敵」と分類されてしまって、悪口を言いふらされてしまっていることそのものは止めようがありませんし、止めようとするとEさんと同僚の対立のようになってしまい、Eさん自身も「女」になってしまいます。そんな事態は避けたいものです。

ですから、「くやしい」という気持ちは理解できますが、それは**ある程度仕方がないこととして流す覚悟**が必要です。相手の弱点に触れてしまったのですから、それなりの反応は起こってきます。自分は単にミスを指摘しただけなのに、と思えばもちろんこの話はフェアではないのですが、これもありふれた「『女』のパターン」なのです。同僚はただ、「女」にありがちな行動を取っているだけなのです。それ以上の意味を見いださないようにしましょう。

STEP 2

## 自分を守る

「女」を傷つけてしまったのですから、ある程度の返り血は覚悟しなければなりませんが、この状況で自分を守ることを考える際、その相手は、悪口を言いふらしている同僚ではありません。職場の他の人たちです。その人達からの信頼を取り戻すことができれば、被害は最小限に防げます。実は、同僚について「悪口を言いふらしている」と周囲の人に言うことは、それ自体が「悪口を言いふらしている」ということになってしまいます。ですから、同僚が言いふらしていることについて**反論を試みるよりも、信頼できる人間として仕事をする**ことの方がはるかに大切です。

**同僚の言動にこだわらず、淡々と誠実に**仕事をしましょう。

そして、もしも最も信頼できる人（できれば上司）がいるのであれば、一度時間をとってもらって誠実に話をしてみましょう。その際、本当に気をつけなければならないのは、「女」にならないこと。感情的にならず、同僚の悪口を言わず、同僚のことを決めつけもせず、単に、「何が起こったか」だけを話すのです。自分は彼女の何を見つけてどういう言葉で指摘した、そうしたら自分についてこのようなことを言われているという情報が入ってきて、戸惑っている。その範囲でのみ話をしてみましょう。**感情的な解釈を一切含めず、例えばやりとりを録画しておいたビデオを再現して**

**再生できる範囲の話だけをする、**というイメージです。「言いふらす」という表現も感情的なので使わない方がよいと思います。単に、自分は何を聞いたのか、という事実だけを話しましょう。

こういう**客観的で公平な話し方**ができる人は、「女」度が限りなく低いわけですから、相手も聞く耳を持ってくれるはずです。

そうでなければ、ただの「『女』同士のさや当て」レベルに扱われてしまいかねません。

## 「女」を癒やす

ステップ2の、「淡々と誠実に仕事をする」ことを徹底すれば、この同僚に、「Eさんは自分の敵というわけではないのかもしれない」という気づきを与えていく可能性があります。もちろんそれは彼女の「女」の癒やしにつながっていくでしょう。

「女」の世界では、何であれ自分に対して否定的な言動をとる人は自分の「敵」なのですが、Eさんが**「敵」らしくない行動を取り続ければ、「女」は肩すかしを食らってしまいます。**

もちろん、同僚がやっていることは極めてアンフェアなことですし、「理不尽」と思う気持ちはわかります。しかし、単なる「『女』のパターン」と見れば、実は自分とは関係のない話なのです。**「女」が、耐えられないこと（自分のミスを指摘されてしまった）を前に悲鳴を上げているだけ**、と思えば、それだけの話なのです。ですから、それまで通りに淡々と仕事の関係を続けていけばよいでしょうし、それまでと同じくらい愛想よくしていけばよいでしょう。

そういうふうにしていくと、その同僚は、自分の「敵」に見えながら、実はそれほどの裏がない人間の存在を初めて知ることになるでしょう。「あの人はただ、この点を直してもらいたかっただけで、人間としての私を否定したわけではないのだ」という視点を持つことができるようになるかもしれません。そういう認識ができれば、彼女の「女」の癒やしがかなり進むはずです。

CHAPTER

4

# ママ友、社宅……「社会的な仕事」としての「女」との関わり方

本章では、夫の赴任先の婦人会（絶対加入が条件という類のもの）やママ友など、家族関係で避けては通れない女性同士の人間関係を見ていきます。

家族に伴う女性同士の人間関係には、独特の特徴があります。夫同士の力関係が変な形で妻達の関係に反映されてしまうこともありますし、特にママ友など、自分がうまく振る舞えないことで子どもに迷惑をかけてしまうことが心配、などということもあるでしょう。

また、これらの関係は、**公私の区別がつきにくい、という特徴**も持っています。ですから、そこに「女」度の高い人がいると、かなり厄介なことになってきます。「女」の嫌な面を露骨に食らうようなことになってしまうのです。

まずは、自分の中で、これらの女性同士の人間関係を位置づけておきましょう。

**社宅のご近所やママ友などは、一見私的な関係に見えるのですが、家族のために引き受けなければならないもの、と考えれば、それは「社会的な仕事」と言ってもよい性質のもの**です。「ママ友」も「友」と呼ばれていますが、実際にはたまたま子どもが同じ幼稚園（保育園）に通っているだけの関係性であり、自分の友達というわけではありません。ですから、友達として見るのではなく「職場の人」くらいの見方をした方がよいのです。

まずはこうやって、これらの人間関係を「公的なもの」「社会的な仕事」として位置づけておくと、頭が整理されます。

その上で、自分側の「女」度を下げることに意識を向けましょう。また、「女」が極度に苦手とする「否定」を避け、「女」がとても気にする「自分という存在が大切にされているか」にきちんとメッセージを出していくようにすれば、だいたいの「女」との関係は無難にこなせるはずです。

例えば、余計な世話ばかり焼く人が社宅にいたとしたら、その人の存在を大切にしているということを伝えつつ、自分の領域を守っていけばよいでしょう。お節介な人は、「よく気が利く」「細やか」と言われるのが好きですから、「本当に○○さんって気が利いてすばらしいですね。どうしたらそんなに配慮が行き届くようになるんでしょう。いつも本当にありがとうございます」とお礼を言いつつ、「今回の件は残念ながら日程が合わないので……」と断ればよいのです。相手が自宅を訪ねてくるような関係性であれば、物理的に居留守を使う必要がある場合もあるでしょう。こうしたことも、「嘘をついている」と自分を中心に考えるのではなく、「相手を否定しないであげるために」と相手を中心に考えてあげてください。ポイントは**「大切な存在だと伝えてあげる」「否定しない」**ということです。

ママ友はどうでしょうか。

CASE 9

# 子どものために合わないママと仲良くしなければならない

## Aさんのケース

同じ幼稚園に通わせるママ友から、頻繁にランチやお茶のお誘いがくる。たまにならと思っていたけど、最近はほぼ毎日娘を送ったあとお茶することになり疲れている。私が断ることで、子どもが仲間外れにされないかとか、そこまでいかなくても情報が回ってこなくなるのではないかと思い、断れない。

分析

## 「社会的な仕事」としての価値

このあたりの判断は人それぞれだと思いますが、ほぼ毎日ママ友とお茶、というのは生活のバランスとしても何とも悪いものですね。ただ、ママ友は母親という役割に伴う「社会的な仕事」ですから、**一定期間のことと割り切ってつき合ってしまう**という考えもあるでしょう。ただ、その際には、**本当にそれだけの時間を投入する価値のある仕事なのかを検証**してからの方がよいと思います。「情報が回ってこなくなるのでは」ということですが、実際にママ友とのお茶で、価値のある情報が得られているのでしょうか。もしもそうなら、ある程度は「社会的な仕事」として割り切る価値があると言えるでしょう。

それにしても毎日は、と思うのであれば、何回かに一回断る日を作っていけばよいでしょう。その際も相手の「女」をよく意識することが必要です。ここでもポイントは「大切な存在だと伝えてあげる」「否定しない」です。例えば、「誘ってもらって本当に嬉しいけれども、今日は○○のためにどうしてもだめなの。次も誘ってね」という断り方であれば無難でしょう。

ちなみにこの「○○」についても配慮が必要です。毎日のようにお茶に誘ってくる人の生活を考えてみれば、時間がありあまっているはずで、あまり充実していない空虚なものだと思います。ですから、断る理由である「〇〇」は、習い事やパーティなど人生を充実させる方向のものにしない方が安全です。「女」の「比べる心」を刺激してしまうからです。

「今日夫の母が来るから」とか「近所の当番で」など、**義務的な色彩の強い、つまらなそうな理由にしておいた方が安全**でしょう。

「女」は基本的に傷ついた心ですから、どれほど偉そうな態度を取っていてもその基本には不安を抱えています。一度断った次の回は、「誘ってくれてありがとう。この前は一緒にお茶できなくて本当に残念だったの」と特に**嬉しそうにお礼を言ってあげると**、自分が嫌がられたわけではないということも伝わって安心するでしょう。

CASE 10

## ママ友で仲間はずれに

### Bさんのケース

ママ同士の中のリーダー的存在Cさんは、ランチやお茶を企画してくれ声をかけてくれる。たいていは10人くらいで集まるのだが、最近、その中でもとくに仲がよい6人で集まっていることが判明。私はノリのよい方ではないし、大勢の集まりでは相づちを打つばかりだから、その中には入れないのだろうと推測するが、外されるのは悲しい。落ち込む。

分析

## 公的な領域と私的な領域

これは、ママ友は「社会的な仕事」と割り切ることで、簡単に解決する話です。

この状況を「女」の目で見てしまうと、「自分は選ばれなかった」と傷ついてしまいます。しかし、10人くらいのママ友の集まりは公的な「社会的な仕事」。そして、特に仲がよく集まっている6人は私的な「友達」なのでしょう。

自分が外されたわけではなく、たまたまその6人の気が合うのでしょう。

元々自分のノリがよくないなどのコンプレックスがあると、「自分は選ばれなかった」と「女」の傷が直撃されてしまいますが、**ママ友の中にそんなに親しい人ができないのは決して珍しくないこと。「外された」と、悲しんだり落ち込んだりする必要はない**のです。

10人の集まりの方で情報収集など「社会的な仕事」をきちんとしたら、あとは自分に合った人がいる領域で友達を作っていけばよいでしょう。

CHAPTER

# 5

# 「形ばかりのつながり」を求める「女」との関わり方

CASE 11

# 周囲から「友だちいない」「寂しい人」と思われるのではないかと気になる

## Aさんのケース

学生のときのような仲良しグループが職場にもあります。一緒にランチへ行ったり、月に一回は女子会があったり、学生じゃないんだからって思うけど、「寂しい人」と思われそうで、なんとなく断れない。

分析

## 一人でいる＝選ばれなかった？

男性が一般に一人で行動することを問題視しない一方で、女性は群れたがり、一人でいると「友達がいないように見えるのでは」と気にする傾向があります。これは学生時代の「トイレに一緒に行く」などというところから始まっているのでしょう。「選ばれる性」である**「女」としては、一人でいるということは「誰にも選ばれなかった」ということ。**まさに落伍者ということになってしまいますね。

ここにも「女」を癒やす一つのポイントがあります。

STEP 1

## 巻き込まれない

ここでの「巻き込まれない」方法は、二通りあります。一つは、物理的に巻き込まれないこと、もう一つは精神的に巻き込まれないことです。

物理的に巻き込まれない、というのは、群れて行動しない、ということです。女子中学生ならまだしも、社会人になってまで群れて生きていきたいのか、ということをよく考えてみましょう。群れることの束縛感、無力感などを総合的に考えてみれば、**「女」として群れていくのではなく、意思のある女性として自然体で生きていくとい**

**うのは十分に考えられる選択肢**ですし、それが大人になるということだと言ってよいと思います。

一人でいると「寂しい人」だと思われる、と見ている時点で、精神的に巻き込まれているると言えます。これは自分自身の「女」の癒やしに関する話です。「女」は一人でいることを「誰にも選ばれていない寂しい人」と意味づけしたがりますが、実際のところ、**一人でいることには何の問題もありません**。むしろ一人でいられる人は自信のある人。そして、一人でいるときにこそ最大の自由があり、あとは何かの目的のためにその自由をどの程度犠牲にしていくか、というふうに人生を考えてみればよいのです。

精神的に巻き込まれない、ということをより意識するためには、例えば、**「時々ランチや女子会を欠席する」ということころから始めてみてもよい**でしょう。そのような自由が自分にあるということを少しずつ確認していくのです。しかし、それも許さないような「群れ方」なのであれば、そこに大人の女性が自分らしく存在するのは不可能だと思います。物理的に巻き込まれない方を選んでいくしかないでしょう。

STEP 2

## 自分を守る

「群れない」ことを選ぶ場合、そこにあるリスクは、「断る」という行為によって相手を傷つけ、不要な反感を招くことです。なにしろ「女」は否定されることが極度に苦手ですから、必要以上の大きなマイナスを生んでいくでしょう。

実は、**自分が「女」にならず、「女」からも嫌われない上手な生き方**があります。

それは、**「ちょっと変わった人になる」**ということです。

例えば、女子中学生などはほとんど均質に生きています。「他の人と同じようであること」がアイデンティティとさえ言えるくらいです。しかし、大人になるということは、それぞれの個性を持っていくこと。つまり、すべての人が、「ちょっと変わった人になる」ということなのです。

しかし現実には、いつまでたっても女子中学生レベルの感覚を引きずっている「女」は少なくありませんし、それが「形ばかりのつながり」を求めるのです。

そこから自立していくには、まず自分から大人になること。つまり、さっさと「ちょっと変わった人になる」ことです。ポイントは**「寂しい人」ではなく「変わった人」になる**というところ。自分にとっての自然体は何であるかをよく知って、その通りに生きることができている人、という意味です。これは「女」の対極にある存在だと言えるでしょう。

「ちょっと変わった人」になってしまうのは簡単です。何かに誘われたら、極めて愛想よく、「ほら、私、そういうの苦手だから」「ほら、私、変わっているから」「ほら、私、空気を読んだりとか苦手だから」と断ればよいのです。「相手が断られた」のではなく**「自分が変わっているから」という雰囲気を前面に出せば、嫌な気持ちを抱かれるリスクもぐっと減らすことができます**。何よりも否定されるのが嫌いな「女」は、自分が否定されたわけではなく相手が変わっているのなら仕方がない、と受け入れやすくなります。

もちろん、**「変わり者」として陰口をきかれるリスクはあります。しかしその実害は何か、と考えてみると、実はあまりない**のです。「変わり者だと思われたくない」

「誰からもよく思われたい」という気持ちこそ、「女」の気持ちなのだということに気づけば、「変わり者」という陰口すら受け入れることが、「女」度を下げてすてきな大人の女性になることなのだとわかるでしょう。

STEP 3

## 「女」を癒やす

ステップ1・2ができれば、それ自体が他の「女」の癒やしにもなっていきます。「一人でいる女性はかっこよい」という文化を創っていけばよいのです。「群れ」に疲れた人が目指す方向性として存在していてあげることは、他の「女」の癒やしに貢献します。

また、同時に、**群れたがる「女」をバカにしないことも重要**です。「女」を癒やすために重要なのは、「女」を見下さないことと、自分が「女」にならないことでしたね。**「群れ」の中の一人一人と、関係性**を築けるのであればしていきましょう。**群れ**

**ない女性との一対一の関係は、とても癒やされるもの**ですから、他の人も「そろそろ群れるのをやめたいな」と思うようになってくるでしょう。

CASE 12

# 転職先の女子グループの輪に入れない

## Bさんのケース

最近転職して、新しい職場で友達が欲しい。でも、すでに女子グループの輪ができていて、その輪に入ることができません。個別にはわからないことを教えてくれたりする人もいるのですが、みんなで集まるとやはり自分だけよそ者のような気がします。もうできているグループに入れてもらって、仲よくしてもらうにはどうすればいいのでしょうか。

分析

## 関係性についての結論を急がない

Bさんは、「グループに入りたい」ということを前提に、最近転職したばかりなのにもう「輪に入れない」という結論を出してしまっています。

人と人とが知り合ってお互いに安心し合って……というためには、ある程度の時間とプロセスが必要。まだまだ今の時期は「来たばかりの人」という目で見られているでしょうし、自分だけよそ者のような気がするというのも、現実を考えれば仕方ないことでしょう。

「グループに入れてもらって、仲よくしてもらいたい」という思いも、短い時間ですぐに「輪に入れない」と結論を出してしまっているのも、「女」の特徴と言えます。

現実には、**「女」度を下げてそこに居続ければ、必ず自分の居場所ができてくるもの**。そうならないときには、前項を参考にして、「本当にこの輪の中に自分はいたいのか」ということを考えていくとよいでしょう。

CASE
13

# 悩みやグチを言われるのが苦手

## Cさんのケース

悩みやグチを相談されることが多いです。その人のためと思って一生懸命きいてアドバイスするのですが、すると「わかってない」とか「そうじゃなくて」と反論されてしまいます。だったら、相談しなきゃいいのにと思います。

またこちらも同じような悩みやグチはないのかと、悩みを話すことを強制されていると感じることも……。悩みを共有しないと友達でいられないのでしょうか？

## アドバイスは要注意

これは「女」に限ったことではなく人間関係全般に言えることなのですが、人から悩みを聞かされて**アドバイスしても、うまくいかない場合が多い**ものです。

一般に、「悩みを相談したい」と言って話し始める人の場合、「問題を解決してほしい」と思って話す人よりも、**「自分の話を聞いてほしい」「自分の気持ちをわかってほしい」と思って話す**人の方が多いでしょう。

ですから、アドバイスしてしまうと、「じっくり聞いてくれない」「自分の気持ちをわかってくれない」と感じてしまうのです。

また、アドバイスには常に「そんなところで悩んでいないでこうした方がいいんじゃない？」と、悩んでいる相手の現在を否定するニュアンスがありますから、自動的に反発を招くこともあります。「そんなことはとっくにわかっている」「そうできるならとっくにそうしている」「あなたはよくわかっていないからそんなふうに気軽に言えるのだ」というのがよく見られる反応です。ですから、Cさんが一生懸命アドバイスするのに反論されてしまうのも、仕方がないと言えば仕方ないのです。

実は、多くの人が、話を聞いてもらうだけで気がすんでいきます。**自分の悩みを口に出して、相手にそのありのままを受け入れてもらうだけで、気持ちが整理され、前進していくことができる**からです。問題をこちらが解決してあげる必要がある場合はむしろ少ないと言えるでしょう。

ここまでは、「女」とは関係なく、女性だろうと男性だろうとあらゆる人に関連する話です。人の話にやたらとアドバイスすることは、相手の領域侵害になりますから、そういう意味でも注意が必要です。

しかし、「女」となると、プラスアルファの問題が起こってきます。

分析

## 悩み相談をめぐる心の動き

Cさんが言っているように、「女」は悩みを打ち明け合うことによってつながる、というような側面を持っています。**悩みを打ち明け合うことによってつながろうとする現象**は、「形ばかりのつながり」を作るためにも、また、「敵」「味方」をはっきりさせるためにも、「選ばれる性」として安心するためにも、生じます。

**他人が「演じる」ことに敏感**な女性は（そして実際に「演じる」女性は多いので）、**相手が自分に本音を打ち明けているということがわからないと、信用できない**と思うのです。また、相手が自分と同じくらい（あるいはそれ以上）不幸でないと落ち着かない、というところもあります。相手が悩みを話したときに、「わかる、わかる」と、自分も同じようなタイプの悩みを話すと親しさが増す、というのは、「自分の気持ちをわかってくれた」と感じるからでもあり、同時に、「相手も自分と同等のことで悩んでいる」と、「比べる心」が安心するからでもあります。

**他の人には悩みを話していたのに自分には話してもらえなかった、という落ち込みも、男性よりも女性からよく聞きます。**男性の場合は「自分には向かないテーマだったただけでは」とあまり気にしないようですが、女性の場合、「自分が相手にとって重要な存在だと思われなかった」という形で受け取り落ち込むことが多いのです。「悩みを相談する＝重要な存在だと認める」という認識があるのだと思います。

しかし、相手にも悩みを話すように強要したり、同じようなことで悩んでいるはずだと決めつけたりするのは、やはり余計なお世話であり、「女」の問題、ということになってきます。

STEP 1

## 巻き込まれない

友達同士、本音を打ち明け合ってありのままを受け入れ合うというのはとてもすてきなことです。

でも、**「どこまで話すか」「何を話すか」「いつ話すか」は自分で決めてよいこと。**相手が話したいときには聞くし、自分が話したいときに話せばそれでよいはずです。悩みを打ち明けるように強要したり、「あなたにもきっと同じような悩みがあるはず」と決めつけたりすることは、相手の領域を侵害することになります。

そこに巻き込まれないようにするということは、領域を侵害されないようにするということ。

話したくないのなら話さなくてよいのです。ただ話さなくてもよいし、「ちょっと変わった人」になって、「ほら、私そういう話苦手だから」と言ってもよいでしょう。それで友達でいられない人は、「女」度が相当高いのだと考えられます。そうであれば、「女」度の低い友達を増やしていきましょう。「女」度が高い人に囲まれていると、いろいろと大変な人生になってしまうからです。

実は、**人間関係を自分中心に考えていくというのも、「女」から解放されるために必要なこと**です。**「どうすれば好かれるか」ではなく「自分はどうしたいか」が「女」から脱するポイント**。ですから、「今身の回りにいる『友達』から好かれるにはどうしたらよいか」という視点ではなく、「自分が友達として親しくしたいのはどういう人たちか」を考えればよいのです。上司や同僚とは異なり、プライベートな友達こそ、自分が親しくしたい人たちばかりで固めることができます。「形ばかりのつながり」ではない、本当のつながりを持てるのは素晴らしいことです。

STEP 2

## 自分を守る

話したくないときに話す必要はない、という態度を貫いていくと、「お高くとまっている」「自分だけが特別だと思っている」「私たちのことを馬鹿にしている」などと思われて「女」たちの攻撃の対象となるリスクがあります。ですから、自分を守るためには、「話したくないときは話さない」というところは変えずに、「愛想をよくする」ということも必要です。

つまり、自分は自分のスタイルとしてそうしているだけであって、**「女」たちを下に見ているわけではない、ということをアピールする**、ということです。

これは「女」と関わっていく上で常に持つ必要がある姿勢です。「女」は癒やされていない存在であるわけですから、下に見るようなことをしてしまうと、さらに傷つけてしまうだけになります。

なぜ「女」になってしまったのか、という背景については第1章でお話ししましたが、そのような理解に基づいて目の前の「女」を見れば、それは単なる「嫌な女」ではなく、「いろいろな傷を負っている、かわいそうな人」ということになります。ですから、下に見る必要はなく、単に「癒やしが必要な人」と見ればよいのです。

癒やしが必要な人に対しては、「私はあなたを脅かす存在ではない」ということを示すことが何よりです。ですから、他の人が悩みを話しているときに自分だけ話さない、という状況が生じるのであれば、特に熱心に共感を込めて人の話を聞くようにするとよいでしょう。

「あなたも悩みを話して」と言われたら、「話をするのは苦手。でも聞いていると悩みも似ていて、自分が癒やされる感じがする」と真剣に相手の話を聞けば、相手は自分という存在が軽視されたわけではないとわかるので、問題は少なくなるはずです。

STEP 3

## 「女」を癒やす

「形ばかりのつながり」を求める「女」は、相手の話を聞いたときに、似たような「ネタ」を提供して盛り上がる傾向がありますが、「女」を癒やすためには、**「ネタ」ではなく、「相手の話」として尊重**するようにしましょう。これは、「同じようなことで悩んでいる」という「女」ならではの「形ばかりのつながり」ではなく、真の「人間同士のつながり」を作ります。

「自分にも似た体験がある」「自分の場合はああだった」と、**自分のデータベースの中を探すのではなく、相手の話だけに集中**してみましょう。「どうしてこの人はこんなふうに考えるのだろう?」などと何らかの思考が浮かんできたら、それをとりあえず脇に置いて、相手の話に集中し直してみましょう。**相手の話を、まさにありのままに聞く**のです。

そのような聞き方は、自分も相手も癒やしていきます。そしてそうやってじっくりと話を聞いてもらうと、相手が同じような悩みを打ち明けなくても心のつながりを感じます。「悩んでいる」というレベルでつながるのではなく、「心を持っている」というレベルでつながることができるのです。それこそ、「女」同士の「形ばかりのつながり」ではなく、心からの人間同士のつながりを作っていきます。

## 恋愛観が合わない

女子同士の話題といえば、いちばん盛り上がるのが恋バナ。話さないと友達じゃないって雰囲気なので話すと、「その彼氏はおかしい」「別れたほうがいい」とか反対されます。そんなの人それぞれなのに、口出しされたくありません。それが原因で疎遠になってしまったこともあります。でも女子同士って恋バナが、友達になるための踏み絵みたいなとこがありますよね。黙ってると裏切ったみたいな感じになったり、でもしゃべりすぎるとノロケてると悪く言われたり。お互いの恋愛の話ってどの程度がほどよいんでしょうか。

## 恋バナはお祭り

悩み事相談と同様、恋バナも「形ばかりのつながり」においては重要なもの。**ちゃんと自分を信頼して打ち明けているか、相手は幸せ過ぎないか、ということを「女」は常にチェック**しています。

そもそも他人の恋人のことを「その彼氏はおかしい」などと決めつけている時点で、「女」度は相当高いですね。

考え方として、ある程度は仕方のない「社交儀礼」として余裕をもって恋バナにつき合うか、あるいは「女」度を下げて、このような「親しい関係」に執着しないか、どちらかを取れるでしょう。

前者の場合、**恋バナはお祭りのようなもの、と考えればよい**でしょう。さすがに盛り上がるだけあって、みんなが興味津々な領域だし、連帯することでつながりを感じるのでしょう。仲間としてやっていくためのお祭りのような「社交儀礼」と考えることができれば、自分の恋バナに対して領域意識のない「女」が決めつけるようなことを言うのも、「お祭り」の一部と諦めることができます。お祭りで盛り上がって適当なことを言っているだけ、と考え、「別れた方がいい」と言われたら、「そう思う？

考えておくね」程度に受け流していけばよいと思います。

このパターンを取る限り、「そんなの人それぞれなのに、口出しされたくありません」という本当の正論は棚上げにするしかないでしょう。「今日は恋バナというお祭りなのだから、まあそう固いことは言わずに」ということになると思います。

もちろん「社交儀礼」ですから、本当に深いところまで打ち明ける必要はありません。その「お祭り」が盛り上がる程度でよいのです。

もう一つの道は、恋バナから距離を置くこと。つまり、恋バナで「形ばかりのつながり」を維持しようと思わないことです。自分の恋愛相談は、親友と呼べる信頼できる人にだけして、恋バナを踏み絵のようにしている人たちとは一定の距離を置き、馬鹿にしているわけではないことを示すために愛想をよくしておく、というのも一つの道だと思います。

CHAPTER

6

# 「自分は自分、他人は他人」ができない「女」との関わり方

CASE 15

# 他人のことに口出しをしたがる

## Aさんのケース

上から目線でアドバイスしてくる友人がいて苦痛です。たしかに学生のころは、そのコの方が何でもできて、私も頼りにしていた部分が大きかったので、そのコがお姉さん的な感じでした。でも、今はお互い別々のところで働いていて、私もそれなりに成長していると思うのに、昔と同じように常に上から目線で物を言われると、正直イラッとします。私は、一生あの人の子分みたいな感じなのでしょうか。

分析

## お母さん病、お姉さん病

これは「お母さん病」「お姉さん病」とでも呼んでよい現象なのですが、**相手のこ**

**とは自分が一番よくわかっている、というような感覚**を「女」が持つことは少なくありません。これは、「自分の領域」と「他人の領域」の区別がつけられない、という特徴に由来するものです。

もともと**「女」は「察すること」を期待され、うまく察することができると「気が利く」とほめられる**ものです。ですから、「あなたのことは自分が一番よくわかっている」という姿勢が作られるのも仕方がないと言えば言えます。37ページでも触れましたが、なぜ、自分と他人の区別をしにくいのか、なぜ相手の領域にまで入り込んで決めつけたり助言したりしてしまうのか、ということを考えてみると、女性はそういう役割を求められてきた、ということに行き当たります。「気が利く、細やかな女性」と言われる人は、相手の顔色を読んで、求められていると思えることができる人。つまり、**「女性らしさ」として求められているものの一部は、「相手の領域」を侵害する性質のもの**だと言えます。

そういう意味では、社会全体が、女性という存在に「察すること」を期待しているとも言えます。職場などでも、未だに、細々とした問題の後始末は「女性がやってくれるだろう」と期待されている場面を多く見かけますし、まるで女性が社会の「お母さん」のような役割を期待されていることが多いのです。これでは「お母さん病」が治らないのも当然です。

**「自分は自分、相手は相手」と線を引くことは、健康な人間関係の基本**です。これができないと、思い込みから行動して相手に煙たがられたり、相手の問題なのに勝手にイライラしたり、という「相手の領域の侵害」が起こってきますし、自分のことについても「顔を見ればわかるでしょう」というような態度をとって相手を困らせたり人間関係のトラブルを招いたりしてしまいます。

社会の中で、それぞれの人がいろいろな事情を抱えているということを知るようになると、自分が決めつけられることなどほとんどないということがわかってくるのですが、物理的にそういう経験が乏しい人はもちろん、実際にはいろいろな人と接していても常に自分で決めつけてしまっている人は、いつまでたっても「あなたのことは自分が一番よくわかっている」という感覚を手放すことができません。

STEP 1

## 巻き込まれない

　この状況を「上から目線」「子分」としてとらえてしまうと、苦痛ですから、すでに巻き込まれているということになります。しかし、これを単に「『女』のパターン」の代表的な一つである、**「自分の領域」と「相手の領域」の区別の欠如**、と見れば、結論は単に「彼女は『女』度が高い」というだけのこと。自分との上下関係の話ではありませんから、苦痛にすら感じる必要がありません。

　実際に人が何かを言えるのは、「自分の領域」においてのみ。ですから、相手が言っていることのテーマがこちらについてのものであっても、それは**相手が「相手の領域」の中で勝手につぶやいていること**なのです。こちらは**そこに真実を感じる必要もないし、もちろん言う通りにする必要もありません**。

　この状況に巻き込まれないためには、単に、「ああ、彼女には『お姉さん病』が出ているな」と見るだけで十分です。言われていることの内容にいちいちカチンとくる必要もありません。

STEP 2

## 自分を守る

彼女が友情を深められるタイプの人なのであれば、**「否定」ととられない言い方をしながら、軌道修正していく**ことは可能です。具体的には、「そうできたらいいんだけど、実際にはいろいろ難しくてね」などとこちら側の事情を説明してみるのです。そして、「少し自分でやってみるね」と言ったときに応援してくれるようなら、それはすでに「女」の「形だけのつながり」ではなく、女性同士の友情となっていることでしょう。

しかし、彼女の「女」度が高ければ、何であれ自分が否定されたととらえるでしょうから、友情を深めるのは今は諦めた方がよいと思います。こちらが事情を説明してもさらに決めつけるようなことを言ってくるようであれば、「そうか、少し考えてみるね」「なるほど、そういう考え方があるね」と、**自分の行動を縛らない形で彼女の意見を尊重し、できるだけ関係性に距離を置いていく**ようにした方がよいでしょう。

そもそも学生時代の友人と、環境が変わってもいつまでも親しくし続ける必要はありません。その時々に合った相性もあるはずです。お互いの領域をきちんと尊重し合える関係の友人を、どんどん作っていけばよいでしょう。

## 「女」を癒やす

ステップ2で距離を置いていくことにすれば、彼女の「女」を癒やす立場にはいなくてすむかもしれません。「領域」という概念を持てるように彼女を癒やしていくためには、かなり時間がかかるでしょうが、方向としては、**「私の領域に入らないで」というやり方ではなく「あなたの領域を尊重している」というやり方**です。「私の領域に入らないで」と言うとどうしても「否定」的なニュアンスが出てしまいますので、「敵」と感じられてしまいます。「女」は「敵」には感情的に攻撃してきますから、そこに聞くべきことがあってもなかなか耳を貸してくれないでしょう。

彼女がこちらのことを決めつけたときには「そうか、少し考えてみるね」程度に流しておいて、逆に、彼女が彼女自身について何かを話したときには、「そうか、私だったらそんなふうにはできないと思うけど、あなたの人生だものね。できることがあったら応援するね」と言ったり、同意できない感じ方を彼女が表現したときには、「人それぞれ、本当にいろいろな感じ方があるんだね。あなたの感じ方も勉強になる」などと言ってみるとよいでしょう。

CASE 16

## 〝オススメ〟されて困る

健康法や子育て法、占いなどスピリチュアル系のことなど、自分がいいと思ってるものをやたらと勧められる。かなり強引に勧められたり、先輩や上司など関係性によっては断りづらいときがある。とくに当人は熱烈にそれがよいと思っている場合、こちらのためを思っているつもりなので、すごく断りづらい。関係を悪くせず、断るにはどうしたらいいか。オススメ癖（押しつけ癖）をあらためてもらうことはできるのか。

分析

## 「領域意識」の欠如

これも前項と同様のケースと言えます。**「こちらのためを思って」という時点で**

**「お母さん病」**が表れています。そもそも、**その人にとってよいものが他の人にとってもよいものとは限らない**、というのは、重要な「領域意識」です。

対策も前項のケースとほぼ同じです。ただしこのケースの場合、「勧められたことをするかどうか」という目に見える結果がある分、よりシビアだとも言えます。

こんなときにも、「女」を傷つけない、自分が「女」にならない、という原則は同じです。「やりたくない」「興味がない」などと否定的なことを言わず、「私、ずぼらだからそういうの本当にだめなんです。本当に先輩はすごいですよね」「私、今いっぱいいっぱいで、頭に何か新しいことを入れたら必要なことが出てしまいそうなんです。せっかく教えていただいたのにごめんなさい」などと、**あくまでも「自分には無理」というトーンで話す**ことが必要です。また、必ず「私のことを思って言ってくださって嬉しいです。ありがとうございます」というお礼はつけましょう。

**自分が「女」になってしまうと、関係を悪くしたくないばかりに中途半端に「イエス」と言ってしまって、後でかえって関係性がこじれてしまう**、ということにもなりかねません。最初に勧められたときに「自分には無理」と言ったのであれば、中立的な立場の人から見ても問題ないでしょうが、最初に「イエス」と言ったのに、後で「やっぱり……」ということになると、中立的な立場の人からも「フェアではない」と思われてしまうかもしれません。

なお、**オススメ癖というのは、「領域意識」の欠如そのもの**であり、「お母さん病」の中核とも言えるものですから、一朝一夕に直してもらえるようなものではありません。その人の「女」の癒やしが必要なのです。自分の身を守るだけであれば距離を置いていけば十分でしょうが、どうしても頻繁に接しなければならないような相手であれば、それ以外の部分をほめる、オススメされたことについても「自分がオススメされた」のではなく、「その人が現在夢中になっている何かを一生懸命話している」ととらえて温かくじっくり聞いてあげると、だんだんと相手の「女」も癒やされてくるでしょう。

CASE
17

# 私を生きがいにする母

## Bさんのケース

末っ子の私は、現在母と父と3人暮らし。父と母は必要なこと以外はあまり話さず、私と母の方が仲がよい。だが最近は、仲のよかった母をわずらわしく思うことがある。毎朝出勤する私に、「今日は◯◯作って待っているわ」と勤務後はまっすぐ帰ってくるのがあたりまえに扱われる。それだけではなく、ゴールデンウィークが近づくと、どこどこの温泉はどうと、一緒に行くことがあたりまえにされる。今度のゴールデンウィークは、友達と旅行に行くと言いたいところだが、母を振り払う罪悪感みたいなものを感じる。

分析

## 母と娘の「女」問題

成人した子どもと親は、基本的に別の人生を歩んでいくもの。親子であっても別の人格なのですから、それは当然のことです。しかし、親、特に母親は、自分が生み育てた子どものことを、自分の一部のように考えている場合があります。このあたりは「領域」がわからない文字通りの「お母さん病」と言ってもよいところでしょう。

これは、小さな子どもが相手の場合にはうまく機能します。例えば赤ちゃんは何を求めているのか自分で表現することはできませんから、母親が読んであげなければなりません。「自分がほしいものは自分で伝えない限り伝わらない」などと言っていないで、母親が察してあげる必要があります。

しかし、子どもが成長するにつれて、親にはわからない、あるいは親が入り込むべきではない、子どもの領域ができてきます。**子どもの成長を支えるということは、その「子どもの領域」を尊重してあげるということ**です。しかし、それがよくわからず、いつまでも「あなたのことを一番よくわかっているのはお母さんよ」という態度を取り続ける母親もいて、それが子どもの成長を阻害したり、嫁姑問題につながったりするのです。

Bさんの母親も、「子どもの領域」の存在を認めていないと言えます。そして、Bさんの母親の場合、さらにやっかいなのは、パートナーを含めて他に親しい人がいない様子であることです。そんな人にとって、Bさんのように、母親に反抗もせず結局はいいなりになってきた**娘は貴重な「味方」であり、その自立を受け入れるのはとても難しい**でしょう。自分から自立していこうとする子どもを「裏切り者」「恩知らず」と感じることすらあるほどです。

「もはや子どもの生活の中心は自分ではない」「子どもは独自の世界を築いていくことが必要」という事実を認めたくないために、このBさんのケースのように、いつまでたっても成人した娘を中心に生活している母親もいます。これは、母娘どちらにとっても不幸なことです。

この状況で母親からの自立を成し遂げようとすることは、「親不孝」という気持ちをもたらすかもしれません。Bさんも母親を振り払う罪悪感を実際に覚えています。

しかし、**本来、パートナーと共に子どもの成長を支え、自立した大人として世に送り出すことが親の仕事**です。それが、実際のパートナーよりも娘の方が「味方」になってしまっていたり、娘のプライバシーは自分のプライバシーというくらいに「領域」意識を見失ってしまっていたりするのは、やはり「『女』のパターン」として見る必要があります。

ちなみに、これは、母親だけでなくBさん側の「女」問題でもあります。**「どうすれば好かれるか」ということが中心の「女」は、「親離れ」に抵抗を感じることがあるからです。**母親とBさん双方の「女」が、年齢不相応の親しさを作ってしまっていると言えるでしょう。それぞれが、人生を先に進める必要があります。

まずは、今度のゴールデンウィークは友達と旅行に行くことにした、という話あたりから始めるのがよいでしょう。もちろんお母さんはショックを受けると思いますし、「楽しみにしていたのに」などと恨み言を言うかもしれません。しかし、それは罪悪感を覚えるべき性質のものではありません。

**生きていく上では、私たちは多くの変化を乗り越える必要があります**。子どもが自立して親元を離れるというのもその一つです。それは、**寂しいけれども、子どもがうまく育っている証拠でもある変化**です。その変化をいつまでも認めないと、お母さんの人生が、空虚なまま停滞してしまいます。「自分を頼りにしている子ども」がいつまでもいるようなつもりになって、**本当に現在の自分にとって必要な人間関係や活動を築かなくなってしまう**からです。お母さんの今後を本気で考えるのであれば、「もう私はお母さんから自立している」ということをきちんと知らせてあげる方が親切なのです。

なお、**このプロセスが無傷で進むとは期待しないでください**。お母さんにとっては明らかに喪失体験となります。多くの人がそこで寂しさや虚しさを感じるものですが、これは生きていく上で乗り越える必要がある変化。**その変化を支える、という観点を持つことが、最もお母さんを思っていること**になります。

そこで罪悪感を覚えるようであれば、巻き込まれている、ということになります。

気持ちはわかりますが、親離れしてあげないとお母さんの今後を損なうことになる、という視点を持ち、まずは罪悪感を手放しましょう。

## 自分を守る

**成人としての自分の自由を守りましょう**。ゴールデンウィークに友達と一緒に旅行に行くことには、何の問題もありません。その他、ちょこちょこと「今日の夕食は友達と食べてくるから」など、**自由を拡大していきましょう**。

## 「女」を癒やす

自分と行動を共にしなくなって寂しげな様子の母親を見ると、つい「やっぱり一緒に……」という気持ちになってしまうこともあると思います。しかしそこで後戻りすることは事態を混乱させてしまいます。

必要なのは、**「お母さんならこの変化を乗り越えられるはず」と信じること**です。

実際に、多くの母親が、娘の自立に直面すると、最初は引きこもりがちになっても、やがて自分自身が他に親しい人を作ったり何らかの活動を始めたりします。母親が得意そうなことがあれば、「お母さん、やってみたらどう？」などと勧めてもよいと思います。あるいは、「たまにはお父さんと旅行にでも行ったら？」と勧めるのも、娘ならではの役割と言えるでしょう。**母親には、娘にべったり依存する以外の楽しみの可能性がたくさんある**ということを知らせてあげるのです。

また、物理的には自立しても大切な母親だということは伝えてあげた方がよいでしょう。「大切なお母さんだから、もっと友達を増やして楽しくやってほしい」「大切なお母さんだから、いつまでも元気でいられるように、何かスポーツを始めてほしい」など、「大切なお母さん」とセットで新たな生活を提案するのもよいでしょう。

本来これは母親の領域に踏み込むアドバイスなのですが、親が子どもの領域に踏み込むことが子どもの成長を阻害することが多いのに対して、子どもが親の領域に踏み込むことは「愛情」と感じられることも多いようです。子どもがだんだんと親から自立していく存在だということを考えれば、親にとって最も寂しいことは「関心を持たれなくなること」なのかもしれません。それよりは、「大切なお母さんだから」とアドバイスしてもらった方が関心を感じられるのでしょう。

CASE
18

# 義母と子育て法がちがう

## Cさんのケース

義母と子育てに関する考え方がちがって困っています。授乳中の私の食事に「あれを食べるな、これを食べるな」とか、赤ちゃんを携帯電話のそばで寝かせてはいけないとか、いろいろ細かいことを言ってきます。一方で、（こちらは虫歯菌のことで気をつけているのに）義母の使ったお箸で赤ちゃんにものを食べさせたりします。育児法って時代や本によって正しいとされていることがちがうから、ただでさえ悩みます。義母と、いろいろ細かい部分で気を遣うポイントがちがって、赤ちゃんのうちからコレでは、先が思いやられます。

分析

## 嫁姑は「女」の問題か

**嫁姑問題の難しさは「女」のいろいろな要素**から説明することができます。義母が自分のやり方を押しつけてくるのは、領域感覚がない「お母さん病」だからなのかもしれないし、いつまでも息子にとっての「一番」として選んでもらいたい「女」だからかもしれません。自分の意見を通すことによって、自分が依然として「一番」に選ばれている、ということを確認したい「女」である姑もいるのです。

しかし、この問題は、**女性同士の関係として扱わない方がよい**テーマです。

なぜかというと、この問題のキーパーソンは夫だからです。問題の本質は、夫の親離れ。夫とその母親の関係性の話なのです。結婚して家庭を持つということを、夫が実の親との間でどう位置づけるか、子育ての方針を決めるのは誰なのか、という問題を**夫がきちんと考え決定しなければならない**のです。

ですから、巻き込まれないためには、困っていることを夫に話し、夫に解決してもらうことが必要です。よほど「女」度が低い同士でもない限り、夫をキーパーソンにせずにこの問題を解決することはお勧めできません。

一般に、育児に責任を持つのは親ですから、こちらの領域にみだりに入り込まないで見守ってほしい、ということを夫から母親にきちんと伝えてもらうのがよいでしょう。あるいは、手伝ってもらう際にはこういう点に注意してほしい、ということも夫からきちんと伝えてもらえばよいでしょう。

それでも不測の事態が起こったときには、とにかく自分の「女」度を下げることが、トラブルとストレスを減らすと思います。急場は「女」度を下げてしのいでおき、改めて夫に解決してもらうようにするとよいでしょう。

CASE 19

# 秘密を言いふらされた

## Dさんのケース

私の秘密を、Eさんに友達中にばらされた。Eは落ち込んでいた私をとても心配してくれて、信頼していたからこそ、秘密の悩みを打ち明けたのに。人間不信です。

分析

## 秘密は誰のものか

悪意をもってこういうことをする人もいますが、**「女」の場合、「自分は自分、他人は他人」が苦手なので、個人情報の管理がずさん**という人はたくさんいます。「ここだけの話なんだけどね……」「あなたを信頼して話すんだけど……」という具合に、全く悪意なく他人の秘密を漏らすことも少なくありません。その場の雰囲気で自分が

「よい」と感じてしまうと、**その情報が、本来誰に属しているものであるかの意識が希薄になってしまう**のです。

また、「お母さん病」がある場合には、「どこで情報を漏らせばよいかのタイミングは、自分こそがわかっている」という気持ちで人の秘密を暴露してしまう人もいます。母親が子どもについての話を「秘密の暴露」と思わず無邪気に他言してしまうのと同じで、このような人は**自分が秘密を暴露しているという意識すら持っていない**のです。

他者の個人情報についてのルールは、ただ一つ、「自分が話してよいと思えば話す」ということだけ、という人もいます。

STEP 1

## 巻き込まれない

相手がどれほど口の堅い人であるかの判断はとても重要です。特に**自分の秘密を話**

**すときの基準は「どれほど心配してくれているか」**ではなく**「どれほど口が堅い人か」**にすべきです。**「口の堅さ」は、案外安定した資質**です。口が堅い人は、たとえ相手を嫌っていても、秘密を守ってくれる場合が多いでしょう。ですから、どれほど自分を心配してくれていても、またどれほどその場で「秘密は守るから」と言っていても、普段から口が堅い人かどうかを考えて判断することが大切です。

「秘密は守る」と言っていたのにばらしてしまう、というのは、必ずしも「嘘をついた」というわけでもないのです。**「女」にとって大切なのは個人情報の重さよりも、相手との関係性**。その場の関係性の中で「この人は味方だ」と思えば「誰にも言わないね」と約束するのですが、別の場の関係性の中で「この人は味方だ」と思うと、守るはずだった秘密を平気で「あなただから話すけどね」と話してしまうのです。

STEP 2

## 自分を守る

自分の秘密を話すときはかなりの慎重さが必要で、ステップ1でお話ししたような、「相手の口の堅さの見極め」がとても重要です。基本的に「女」は、秘密を伝える相手としてはかなり要注意と考えてよいでしょう。そもそもEさんがとても心配してくれたからDさんは秘密を打ち明けた、ということですが、**「心配している」アピールが強い人は、それだけ「領域」意識が希薄**だということでもあります。**領域意識がしっかりしている人は、心配はしていても、相手が相談してくるまではそっとしておく**ことが多いのです。ですから、「心配してくれたから秘密を打ち明けた」というのは、考えてみれば最悪の組み合わせとも言えるのです。

なお、これは人間不信になるような性質の話ではなく、相手の見極めについての話ですから、これからは「心配してくれたから」ではなく「口が堅い人だから」秘密を話す、という基準にすればよいでしょう。

STEP 3

## 「女」を癒やす

秘密を漏らしたことについて**Eさんを責めても、それこそ「女」同士の修羅場**になってしまい、今度は悪意まで追加して秘密を言いふらされてしまうかもしれません。ですから、何かするとしたら、「この前は相談を聞いてくれてありがとう。とても助かった。そのとき私がちゃんと口止めをお願いしなかったからいけなかったのだけど、○○さんが知っていてびっくりしちゃったの。○○さんはもちろん問題ない人だからかまわないんだけど、他の人には話さないでもらえるかな？　この前はっきりそう頼まなくてごめんね」というような言い方をしてみるとよいでしょう。あくまでも**相手を否定する要素をなくす**ことがポイントです。これは「女」を相手にする際の鉄則と言ってもよいほどのものです。

# CHAPTER 7

# 演じる「女」とのつき合い方

CASE
20

# 男性にだけいい顔をする後輩

## Aさんのケース

同じような依頼をしても、私が頼むとできないとか文句を言うのに、男性社員に言われると、にこにこして対応する後輩がいます。ひがんでいると思われるのも癪だし、どう注意すればいいでしょうか。

分析

## 自分をつくる、演じる

「女」の主要な特徴の一つに、男の前で自分を作る、ということがあります。つまりは、「男性に好まれる女」を演じるということであり、裏表がある、ということです。これは「女」の原点が「選ばれる性」であることを考えれば当然とも言えるのですが、そのあからさまぶりは他の女性から見ると驚くほどで、しかもそれに気づかず嬉しそうにだまされている男性も女性達を驚愕させるものです。

## 巻き込まれない

この問題に巻き込まれないというのは、二つの側面があります。一つは、仕事をやってもらえないという**実害をできるだけ防ぐ**ということ。もう一つは、この後輩の態度によって**不愉快な思いをしない**ということです。

ここで役に立つのが、75ページでお話しした「『女』をスルーする」という態度です。

「男性に言われればにこにこしてやるくせに」という色メガネを一度外して、後輩が依頼を断る正当な理由があるのかどうかを聞いてみるとよいでしょう。

この後輩の「女」度はかなり高そうですので、単に女性に頼まれたというだけで感情的に反発している可能性もあります。ですから、できないと言われたら「いつまでならできる?」「今日中にやってもらわないと困るので、お願いね」「優先度が高い仕事が他にあるの?　一緒に考えさせて」などと、あくまでも**「依頼された仕事をさせる」ことに焦点**を当てましょう。

ここで「男性に依頼されたときとの態度の違い」に焦点を当ててしまうと、相手の「女」をますます刺激することになります。**「女」は「女」から批判されることが一番嫌**だからです。特に、「男の前では態度が違う」という指摘は「女」の急所のようなもので、最も嫌がるものです。ですから、男性に依頼されたときの態度はさておき、「この仕事」をさせることに集中するようにしましょう。

また、そうやって、「男性に依頼されたときとの態度の違い」に焦点を当てないことによって、自分自身が感じる不愉快さも減るはずです。とにかく目先の仕事をさせることに集中すればよいからです。

STEP 2

## 自分を守る

後輩に対する批判的な思いは、「女」の演技に鈍感な男性たちから**「意地悪」と見られるリスク**があります。下手をすると、「自分よりもかわいい後輩をいじめている」と見られる可能性も。「女」を直接攻撃していくと、こういうことが起こりうるものです。

ですから、ステップ1でお話ししたように、「男性に依頼されたときとの態度の違い」に焦点を当てないということは、自分を守ることにもなるのです。つまり、**「女」度の高い後輩を、それ以外の人と同じように扱うようにする**、ということです。そうすれば、「あの先輩、私にだけ意地悪なんです」などと言われる証拠を残さずにすみます。自分が依頼した仕事をやってもらうようにする、という範囲を出ないでおけば、単なる仕事の進め方の話であり、「意地悪」「いじめ」などと見られるリスクを減らすことができます。

STEP 3

## 「女」を癒やす

相手の「女」に焦点を当てず、ただ仕事ベースで後輩と関わっていくことは、彼女の「女」を癒やすことにもなります。「女」として生きてきた彼女は、どうやって男性の気を惹くか、どうやって他の「女」よりも有利な立場に身を置くか、というようなことばかり考えてきたはず。つまり、他の女性を信頼できずに生きてきたはずです。そんな彼女に、**「女」ではない女性として関わっていくということは新しい体験**となり、「女」を癒やすことにつながるでしょう。彼女の「女」に注目している限り、彼女から見れば「自分の足を引っ張ろうとしている『女』」に過ぎなくなってしまいますが、**彼女を「仕事上の後輩」以上の存在として見ない、という態度は、彼女に安定感のある土台を提供していく**のです。つまり、「女」ではなく一人の人間として尊重される感覚を作っていくはずです。

CHAPTER

8

# 恋愛すると変わってしまう「女」とのつき合い方

# 結婚が決まって変わってしまった友人

## Aさんのケース

最近親友の結婚が決まったのですが、それから仲がギクシャクしています。たとえば、前から約束していた旅行を仕事が忙しいと急に断ってきたのに、後に婚約者とは旅行に行っていた。それなら早く言ってくれれば他の友達と行けたので、腹が立つ。それ以降、彼女の言動（「彼氏できた?」と聞いてくること、ウェディングドレスの話とか）に、不快に感じるように。前みたいに彼女と遊びたいって思えなくなった。

## 「鍵と鍵穴」の関係

恋人ができると突如その人中心になってしまう、という女性は多いものです。もちろん、男性も女性も、恋愛初期には頭の中は相手のことでいっぱい、というのはよくあることですし、ある程度は当然の状態だと言えるのですが、その時期を過ぎても、恋人を優先するあまり女友達に「失礼だ」とすら感じさせるとなると、それはやはり「女」の特徴だと考えた方がよいものでしょう。

なぜ、「女」は、他とのバランスを見失うくらいに恋人中心になりがちなのでしょうか。

それは、「選ばれる性」としての傷を持つ「女」と直接の関連があります。恋人は、「他の人ではなく、あなたがよい」と言ってくれる存在です。婚約するほどとなると、「他の人ではなく、あなたを生涯のパートナーとして選びたい」ということですから、ますますその程度は強くなるでしょう。まさに、「選ばれない限り満たされない」心の傷である「女」とは**「鍵と鍵穴」のような関係**にあるのです。

これは、DVや不倫など、男性側に明らかに問題がある場合でもなかなか女性からは関係を断てない、という現象とも関連します。どんな「ダメ男」であっても、「他の人ではなく、あなたがいい」と言ってくれる人は、どうしても捨てがたいのです。

そして「ダメ男」は、そのようなオーラを出してくることが多いものですね。

恋愛を機に女性が変わってしまう、というのはよく見られることです。それまでは女友達として誠実だと思っていたのに、恋人ができると急に不誠実としか思えない態度をとるようになったりすることもあります。

これは、もともと「女」度が高かったけれども女友達とはうまくやっていた、というだけである場合もありますが、**それまでは低かった「女」度が急に高まった、という場合**もあります。

恋愛に関しては、強い嫉妬を感じる自分に驚くなど、「自分にこんな嫌な側面があったなんて」と思うことも少なくありません。それまで気づいていなかった自分の中の「女」が出てくるのです。これはやはり、**自分の傷にぴったり合う「鍵」が出現することによって、傷が顕在化してくる**、という現象だとも言えます。一度「鍵」を見つけてしまった「鍵穴」は、それをどうしても離したくなくなってしまうのです。

STEP 1

## 巻き込まれない

Aさんに起こっている現象を、「自分が軽視された」と見ているのであれば、すでに巻き込まれています。これは、自分と恋人とどちらが重要かという比較の話ではなく、単なる「『女』のパターン」の話。「他の人ではなく、あなたがいい」と言ってくれる存在に**「鍵と鍵穴」のように引きつけられてしまっている、という現象**に過ぎないのです。

ですから、こんな現象に直面したら、「ああ、彼女は今ものすごく『女』度が高くなってしまっているんだな」「思いっきり『鍵穴』にはまっているんだな」と見るだけでよいでしょう。**自分の問題ではなく、彼女の現状**としてとらえれば、自分が傷つかずにすみます。

## 自分を守る

それまでどれほど仲がよかった友達であっても、これほど**「女」になってしまっているときは別人格と考えた方がよい**と思います。実際に、その話題も、「彼氏できた?」という恋愛話、ドレスの話など、すべてが「恋愛を中心に回っている」彼女の世界観に基づくもの。

そんな彼女に合わせて行動する必要はありません。

**相手との関係性は、相手（あるいは自分）の状態に応じて、柔軟に変化させていけばよい**もの。その時々に合った関係性があるのです。

ですから、「前みたいに彼女と遊びたいと思えなくなった」という現状は、当然の感じ方であるとも言えます。**その感じ方に合った距離をとるのが適した時期**なのかもしれません。「人の幸せを喜んであげられない」「もしかしたら彼女に嫉妬しているのかも」などと思う必要もありません。彼女は十分に失礼なことをしているからです。

STEP 3

# 「女」を癒やす

このような「女」を癒やすためには、**距離をとりながらもその現状を受け入れてあげる**ということがプラスになります。「こんなことばかりしていたら女の友達がいなくなっちゃうよ」など、いろいろと批判がましい評価を下すことは可能なのですが、「まあ、こんなときにはよくあること」と見逃してあげるのです。

**友人としては、一種の「スタンバイ」状態に入っておく**、というイメージでしょう。今は親しい関係をやめておく。でも彼女の「女」度が下がったときにはまた受け入れてあげる。そんな柔軟な姿勢で彼女を見てあげられるとよいと思います。

今は幸せ絶頂のような彼女も、これからどんな人生を歩むかわかりません。そんな中で自分がまた友人として必要とされるようになったら、そしてそのときに自分も彼女とまた親しくしたいと思うのであれば、再び親しい友人になればよいでしょう。

# CHAPTER 9

# 自分の中の「女」を優しく癒してあげよう

ここまでは、主に相手の「女」対策として自分側の「女」度を下げる話をしてきました。本章では、自分の中にいる「女」にもっと焦点を当ててみることで、ストレスを減らし、生活の質を上げることを考えてみましょう。

CASE 22

## 自分の男友達に手を出されて不愉快

### Aさんのケース

毎年会社の同期グループでバーベキューをやっていて、今年は女子の出席者が少ないということで友達のBを誘いました。以前からBには同期のメンバーのことを話していたこともあり、すんなり輪に溶け込んでくれて、その会はとても楽しく終わりました。ただ、その後もなぜか同期メンバーの集まりにBが顔を出すようになり……先日そのうちの一人と付き合っているという告白を受け、なんだかいい気がしません。

以前から男性関係は派手だし、なんか図々しいと思ってしまいます。

## 「女」をスルーする

　もちろんBさんはかなり「女」度が高いようではありますが、ここでは敢えてAさんの中の「女」に注目してみましょう。同期メンバーの集まりにBさんを一度誘ってしまった以上、どこでどういう関係が作られようと、それは本人たちの自由だと言えます。もちろん自分の会社の同期グループですから自分の領域という感覚はあって当然でしょうし、そこに我が物顔で入り込まれる不愉快さはわかります。顔を出すなら、せめて自分の了解をとってほしい、という気持ちにもなるでしょう。しかし、それを禁止するルールがないのも現実です。

　ここは**「女」の手放しどころ**。決まったルールがないのであれば、どんな人がどんな人間関係を持とうと自由だ、というところにとどまる必要があります。なぜかと言うと、Bさんについて不愉快な感情を持ち続けるということ＝Bさんに巻き込まれているということだからです。

もしもBさんに利用されそうになったり、Bさんの振る舞いについて友人として苦情を受けたりするなど、他人との関係にも害が及ぶようであれば、自分をきちんと守っておいた方がよいでしょう。それは、「Bとは親しくない」という一線をきちんと引くこと。Bさんから何か依頼があっても「会社の人間関係をおかしくしたくないから自分で言って」と言えばよいですし、他の人から苦情があっても「一回バーベキューに誘っただけで、あまり親しくないからうまくコントロールできなくてごめん」と謝る、という程度にして、Bさんから独立した存在でいるようにするとよいでしょう。

**「女」の振る舞いを見て不愉快に感じるのは「女」の心**。それに対して、『女』をスルーする」ということは、**「どんな振る舞いをしようと、その人の自由」と割り切る、**ということです。「女」は人の多様性を認めるのが苦手ですが、こうやって「女」的な言動すら認めてしまえれば、自分の中の「女」は相当癒やされることになるでしょう。また、「どんな振る舞いをしようと、その人の自由。ただし、その責任も自分で取るように」という態度を徹底することで、いずれはBさんの癒やしにもつながっていくでしょう。

# なぜか女性上司のほうが厳しい気がする

## Cさんのケース

職場にすごく苦手な女性の上司がいます。同じようなミスをしても、男性の上司より彼女の方が厳しい気がします。女性だからヒステリックとかは言いたくないのですが、でも言い方がキツかったり、時間が経ってもネチネチとしつこかったり……。嫌われているのかなと感じるくらいです。なぜ女性の上司の方が厳しいんでしょうか。

## 女性上司のなかの「女」、自分のなかの「女」

このケースには二つの可能性があります。上司の「女」度がかなり高くて、その範囲で行動している、と見れば、全体を理解することができます。もしかしたらその女性上司に特有の現象なのかもしれません。あるいは、嫁・姑などと同じで、自分が女性上司から厳しく育てられた人は、後輩に対しても厳しい場合があります。

しかし、より広く一般社会を見てみたとき、ここで描かれているように、「男性上司よりも女性上司の方が厳しい」と感じている人は少なくないのではないでしょうか。これは女性上司の「女」の話なのかもしれませんし、若い女性に甘い男性の問題なのかも知れません。

でも、ここで敢えて、**自分の中の「女」という視点**を持ってこのケースを考えてみましょう。

どういうことかと言うと、「男性上司の方が優しい」とすると、それはより若いCさんに対する男性の優しさを反映したものなのかもしれません。また何かと優しくフォローしてくれる男性上司に甘えて、Cさんが同じようなレベルの優しさを女性上司に求めているのかもしれません。

自分が女であることに甘えて、男性の前で演じ、うまく立ち回っていく人は全体に「女」度が高い人で、決して人望を得ることはできません。そういう人に対して女性上司が厳しい態度を示すのも、ある意味仕方のないことなのかもしれません。「男性上司なら、かわいく言えば許してくれるのではないか」などという気持ちが自分の中にないか、取り締まってみましょう。

STEP 1

## 巻き込まれない

「どうして私ばかり？」「男性上司はＯＫと言ってくれたのに、どうして許してくれないの？」という「どうして？」に立ち止まってしまうと、巻き込まれていることになります。

それよりも、自分の中に「女」があって、男性上司だと思うとついつい甘えてしまった、ということがなかったか、振り返ってみましょう。自分が全く対等に接しているつもりであれば、あとは女性上司の癒やしの問題。**「どうして？」は必要ない**のです。

STEP 2

# 自分を守る

もちろん、女性上司についての悪口など言ってはいけません。「女」になる必要はないのです。それよりも、この女性上司が他の人たちに信頼され好かれているのであれば、その仕事ぶりから学ぶことも多いでしょうし、「教えてください」「先輩みたいになりたいのです」などと立ち位置をしっかりしていくこともできるでしょう。**露骨に心からの敬意や好意を示されて嬉しくない「女」はなかなかいない**でしょう。また、「若い女性はちゃらちゃらして」などと「選ばれる性」としておもしろくない部分があったとしても、「仕事を教えてください！」「先輩みたいにシックな服を着たいんです！」などとまっすぐに向かってくる相手には、結局心を許してしまうことになると思います。

**女性は関係性の中で大切にされることが大事**、というのはこんなところにも表れます。

STEP 3

## 「女」を癒やす

**上司のタイプがどうであれ、自分ができるだけ「女」度を低くして誠実に仕事**をしていけば、周りの人の「女」も癒やされていきますし、厳しい態度をとられることも減ってくるでしょう。

CASE 24

# 自分だけ先に妊娠してしまった

## Dさんのケース

お互いなかなか子どもができず、悩みを打ち明け合いながら、不妊治療をがんばってきた友達がいます。でも私だけ妊娠して、その友達はまだできていません。周りがみんな妊娠していくなか、置いてけぼりのようなつらい気持ちも、これまでは共有してきただけに、なんとなく連絡しづらいのですが、疎遠にするのも寂しいし、今後どのように接していけばよいでしょうか。

分析

## 相手の領域を忖度しない

これは確かに難しい状況ですね。

しかし、よく考えてみると、自分だけ先に妊娠してしまったという出来事にどう反応するかは、もっぱら彼女の領域の話。「なんとなく連絡しづらい」という感覚は、こちらが勝手に彼女の領域のことを察している結果であるとも言えます。**彼女が実際にこの出来事にどう反応しているのかは、彼女にしかわからない**ことです。

もちろん、一緒に不妊治療を頑張ってきた中では、その最大のテーマは不妊でありそれに伴う様々な精神的なつらさだったことでしょう。しかし、他にも、友人として大切なものが育っているのではないでしょうか。それは、Dさんが先に妊娠したくらいのことでは失われないものかもしれません。

一般に、相手から見た場合、「先に妊娠されてしまった」というのは一つの喪失。同じ悩みを抱える仲間を一人失ったことになるからです。また、それは「自分が取り残された」という衝撃をもたらしますから、「自分は一生妊娠できないのではないか」という絶望感すら抱いているかもしれません。

そんなときに、関係性まで疎遠になってしまうと、孤立感が高まります。ただでさえ、衝撃を受けたときには「こんな自分のことなど誰もわからない」「誰も助けてくれない」という孤立感が強まるものですが、さらに腫れ物に触るような扱いを受けると、孤立感が極度に高まってしまいます。幸せになった人がさっさと自分から離れていった、と受けとめるかもしれません。

もちろん、今後二人がどれだけのものを共有できるかはわかりません。不妊治療を共にしていたから成立していただけの関係で、今後も価値ある友情が続くかどうかはわかりません。しかし、それは**自然な流れとしてできてくるもの**。現時点で敢えて距離を置かなければならないような事情がないのであれば、今まで通りに接していけばよいでしょう。相手が「やはり妊娠すると人は変わってしまう」と思うのであれば、だんだんと関係性にぎくしゃくしたところが出てくると思います。そうなったら関係性が変わるときでしょう。

こちらにできることは、**相手の領域のことを勝手に忖度しないこと**。相手を「不妊治療中の人」として見るのではなく、友人として見ること。妊娠に直接関連する話は、相手からすればいちいち衝撃的でしょうから、直接尋ねられない限り避ける配慮が必要だと思いますが、関係性全体に気をつかいすぎる必要はないと言えます。

相手の領域のことを勝手に忖度しない、という意味では、一度、「まだ友達でいてくれる?」と直接尋ねてみるのもよいと思います。それまでは単に「不妊治療仲間」という「形ばかりのつながり」だったものが、本当の友人同士のつながりになるかもしれません。

CASE
25

## 真剣に相談に乗ったのに……

### Eさんのケース

後輩から悩みがあると呼び出されたので、わざわざ時間をとって相談に乗ったのに、私だけじゃなくて、いろんな人に相談していました。「他の人には話せないことだから」と言っていたのに。あげく占い師にまで同じ相談をしたそう。だったら、最初からそうすればいいのに。あんなに長々と話につきあって損した。そんなふうに思ってしまう、私は心が狭いですか？

分析

## 「どうすれば好かれるか」でなく「自分はどうしたいか」を

もちろんこの後輩の「女」度は高いです。ただ、「他の人には話せないことだから」

と言ったときには、本当にそう思っていたのかもしれません。**その場の感情で「味方」感のあることを言う**のも「女」の特徴の一つだからです。つまり、「他の人には話せない」という客観的な判断に基づいているのではなく、「あなたのことは味方だと思っているわよ」ということを言いたかったのかもしれません。

ですから、こちらの方で、本当に「他の人には話せないこと」なのかを判断する必要がある場合もあるでしょう。

そもそも、**悩みごとを聞く際には、こちらの「女」についても注意が必要**です。特に「お母さん病」がある人は、人の世話を焼きがち。本来聞かなくてよい悩みごとまで聞いてしまいがちなのです。

もちろん他人の悩みを聞いてあげてもよいのですが、それは、**自分が聞きたい範囲にとどめるべき**。この後輩のような態度をとられたときに「損をした」と感じるのは、心が狭いからではなく、**本来やりたいわけではないことを無理してやったから**です。

「女」から脱するには、**「どうすれば好かれるか」ではなく「自分はどうしたいか」**

でしたね。ですから、自分の心の狭さを責めるのではなく、単に「自分はやりたいことだけをやろう」「無理のない範囲でだけ役に立とう」と決めればよいだけだと思います。

CASE
26

# 仕事より恋愛・結婚を優先させる後輩がうとましい

## Fさんのケース

職場の後輩のGさんは、仕事はそこそこまでと割り切り、30歳までには絶対結婚して子どもを産むときっぱり。現在は、高給取りの彼と連休となると海外へ。反対に私は週に一度は終電帰り、彼はいるが互いに忙しくて結婚どころじゃない。男性に依存する生活に嫌悪感を覚えるが、今の自分よりも幸せそうにしているGさんを見ると、うとましく感じる。

分析

## 自分のライフスタイルは自分が決めたもの

女性のライフスタイルは多様、ということを第2章で見ましたが、その多様さに、

「女」ならではの嫌な特徴がつくと、このような不快な感覚を人にもたらすことになります。

ただし、ここでも敢えて「女」度の高そうなGさんに注目するのではなく、Fさんの中にある「女」を見てみましょう。

Gさんの生き方を見て「自分よりも幸せそう」とうとましく感じている、ということはすでに彼女に巻き込まれているということ。自分よりも「うまくやっている女」を見たときにうとましく感じるのは、「女」の心なのです。普段は「女」が顕在化しないFさんも、Gさんを見ると「女」が刺激されるのでしょう。

そもそも、**自分のライフスタイルは、自分で決めたものであるはず**。もちろん忙しさなどコントロールできないことも多々ありますが、経済的に自立していきたいという思いがあっての今の生活なのだと思います。

男性に依存した人生設計は、相手の男性次第でどうにでもなってしまうものです。ですから、Gさんの実際の人生が今計画している通りになるかどうかはわかりません。数年後には、夫の浮気やリストラなどで、すべてがおかしくなってしまうかもしれないのです。

また、「結婚」「出産」などの「形になるもの」を中心に生きる人生ほど、不安定なものはありません。実際に結婚までうまくこぎ着けるかどうかわかりませんし、不妊に悩むことになるかもしれません。出産したとしてもその後の子育てがどんな運命にさらされるかわかりません。

そもそも、どんな人生も、自分が思い描いた通りになる保証などないもの。どんな予定狂いが待っているかわかりません。そんなときによりどころになるのが、**「自分は何を大切にして生きてきたか」**ということ。

ですから、どんなときにも「誠実でいよう」「身近な人を大切にしよう」「自分をケアする時間を持とう」など、自分が大切にするものをしっかり持っておくとよいのです。『女』にならないようにしよう」でもよいですね。

経済的に自立していれば、何が起ころうと強いだろうという感覚があると思いますが、それと同様に、**「大切にして生きているもの」を持っている人は、何が起きても強い**のです。逆に、誰かに依存して「形になるもの」ばかりを求めていると、とても不安定になってしまいます。

忙しさに翻弄され、うとましさを感じるときは、**受動的な人生から能動的な人生に転じる**べきとき。自分は何を大切にして生きていこうか、ということを再確認し、自分の力強さを感じてみましょう。

なお、Gさんのように派手に自分の生き方をアピールしている人は、いちいち衝撃的で、見ていると必要以上に不愉快になるものです。ですから、「『女』をスルーする」のテクニックを使って、Gさんという存在そのものをできるだけ見ない、というのも一つのやり方としてお勧めです。

CASE 27

# 聞きたくない話を聞かされる

## Hさんのケース

パートのおばさんの自慢話にイラつきます。子どもの話や夫の話、正直興味ないですが、最後まで聞いてしまいます。そのためか他にもいるのに、私ばかりに延々と話してきて困っています。

分析

## 相手を喜ばせるオーラ

このHさんのように、人の自慢話や不幸話の標的になるタイプの人がいます。もちろん話し手が誰かれかまわず話す、ということもあるのですが、このケースのように、「他にもいるのに自分だけ」という場合が多いものです。

それは、本人が「何でも聞いてくれそうなオーラ」を出しているから。このケースでも、「興味がなくても最後まで聞いてしまう」ということをしています。

もちろん自然とそういうオーラが出てしまう人もいるのでしょうが、やはりそこには「女」に期待される**「相手を喜ばせる」「相手に嫌われない」という習慣も働いている**場合が多いでしょう。

一方的に話してくる人に対して、愛想よく話を聞いてしまう、ということは、「あなたの話に興味があります」というメッセージを発しているのと同じこと。相手がいつまで話し続けても確かに文句は言えません。

ですから、可能であれば途中で用事を思い出して席を立つなどの方法で物理的にその場を離れてもよいでしょう。「あ、電話をかけなくちゃ」「友達にメールしなくちゃ」などというのはよい用事だと思います。

あるいは「ちょっと変わった人」になる、という方法もありましたね。相手が話している間でも、勝手にストレッチを始めるなど、自分のことをやってしまう「変わった人」になる、というのも一案です。考えてみれば、相手も勝手に話しているのですから、こちらも勝手にストレッチをしてもかまわないですね。

興味のなさを示すのに「興味がありません」と言うのは、確かに「女」に対しては怖ろしいことなのでお勧めできません。**「女」は何であれ、否定されることが大嫌い**だからです。ただ、誰か信頼できる別の人に、「どうして私だけ自慢話の対象になるのだと思う?」と聞いてみると、自分の聞き方のどこが「何でも聞いてくれそうなオーラ」を出しているのかがわかるかもしれません。それが修正可能なことならしてみてもよいでしょう。

**相手の顔色を気にしすぎず**、仕事中であれば仕事に集中する、休憩時間であれば**自分がやりたいことをする**。そんなことが自然にできるようになってくれば、「女」ではない、自立した女性になれていると言えるでしょう。

# EPILOGUE

## 「女」を手放すことの気持ちよさをどんどん体験しよう!

本書では主に、女性同士の人間関係でうまくやっていくために、「女」についてよく知り、その正しい扱い方を身につけると共に、自分の「女」度を下げる、というお話をしてきました。「女」に対して苦手意識を持つ人は、「女」を「これだから女は……」とバカにしたり、「女」に合わせなければと自分も「女」のように振る舞ってみたりすることもありますが、いずれも逆効果だということをご理解いただけたでしょうか。

第1章で、「女」度を下げることは、女性のエンパワーメントになるというお話をしました。本書からその一端を感じ取っていただければありがたいのですが、実際に、「女」度の低い人になることはストレスを減らし、毎日を豊かにします。人間関係の自由度も高まりますし、力強く、さわやかに、思い通りの人生を生きていけるようになるのです。

第9章で見たように、何らかのストレスの背景に自分の「女」がある場合も少なくありません。ですから、何かを不愉快に感じるときには、もしかしたらそれは自分の「女」から来るものなのではないか、と疑ってみるとよいと思います。それが「女」ゆえの感じ方であることがわかったら、さっぱりとやめてしまえば、軽やかな自由の広がりを感じられると思います。

最後に、第1章で挙げた「女」の特徴を見ながら、おさらいとして、「女」度が低い人とはどういう人かを振り返っておきましょう。

**【女】**「女の敵は女」とよく言われるように、自分よりも恵まれた女性に嫉妬し、その足を引っ張ろうとしたり、幸せを奪い取ろうとしたりする。

↓

**【「女」度の低い人】**他の女性のことを気にしない。他の女性が優れていようと、恵まれていようと、「人はそれぞれ」とただ考える。基本的には温かく、他人に協力できる場合には協力する。

【女】裏表がある。表ではよい顔をしていても裏では陰湿。「それ、かわいいね」などと本人には言いつつ、裏では「ださいよね」などと言ったりする。

↓

【「女」度の低い人】裏表がない。

【女】男性の前で「かわいい女」「頼りない女」を演じる。

↓

【「女」度の低い人】男性の前だろうと女性の前だろうと自然体で振る舞う。演じることはしない。

【女】他の女性を差し置いて、自分だけが好かれようとする。

↓

**【「女」度の低い人】** 自分がしたいことをする。「どうすれば人から好かれるか」にあまり関心がない。

**【女】** 恋人ができると変身する。すべてが恋人優先になり他の女友達には「無礼」としか思えない態度をとるようになる。

↓

**【「女」度の低い人】** 女友達は女友達でそれまで通り大切に扱う。あるいは、恋人も、自分の友人関係の中にうまく位置づけて、恋人と友人が相互に交流できるようにする。

**【女】** すぐに群れたがる。「群れ」の中では均質を求め、異質なものを排除しようとする。

↓

**【「女」度の低い人】**一人でいることに問題を感じない。複数でいるときも、排他的な態度はとらない。

**【女】**自分は自分、他人は他人、という見方をすることが苦手。自分とは違う意見やライフスタイルを持つ相手を尊重できず、「自分が否定された」とみなし、そういう人を「敵」ととらえる。

↓

**【「女」度の低い人】**多様な意見やライフスタイルを尊重できる。

**【女】**感情的に「敵」「味方」を決め、自分をちやほやしてくれる人には限りなく尽くす一方、自分の「敵」に対しては、とことん感情的に攻撃する。その感情的攻撃は、多くの場合「正論」という形をとり、主語は「私は」ではなく「普通は」「常識的には」など。

↓

**【「女」度の低い人】**「敵」「味方」という見方をしない。感情的に動かず、公平で、一貫性がある。全体に愛想がよく、人と距離をとるのが上手。

**【女】**陰口やうわさ話、つまり他人についてのネガティブな話が好き。

↓

**【「女」度の低い人】**陰口やネガティブなうわさ話はしない。

**【女】**ストレートに話さず、間接的で曖昧な話し方をして、「ねえ、わかるでしょ」というような態度をとる。そしてわかってもらえないと機嫌を損ねる。

↓

**【「女」度の低い人】**人にわかってほしいことがある場合は、「私は」を主語にして、できるだけ直接的な話し方をする。自分が困っていることを話して協力を依頼する。

**【女】**「お母さんぶり」「お姉さんぶり」をする。相手のことは自分が一番よくわかっている、という態度で、悪気はなくても、意見の押しつけをしたり決めつけをしたりする。

↓

**【「女」度の低い人】**それぞれの領域を尊重する。自分の領域に責任を持つと共に、相手の領域を侵害したりしない。相手には、自分にはわからない事情があるのだろうと見ることができる。

いかがでしょうか。こんな人になれたら、単に女性同士の関係がうまくいくだけでなく、自分がとても自由で力強い存在になれる、とイメージできると思います。

もちろん社会にはまだまだたくさんの「女」がいますので、女性同士の関係は日々難しいのですが、まずは自分が「女」を手放してみる先駆者となることで、自分自身の人間関係をスムーズにすると共に、周りの女性の「女」度も下げていきませんか？